# Tea Time for You

毎日が幸せになる
紅茶の愉しみ方

伊藤礼子
Reiko Ito

大切なのはお客さまに
自分の家にいるような気分で
くつろいでもらうこと。
そう心がけ努力することに
価値があるのです
ケイト・スペード（ファッションデザイナー）

わが身を割いてこそ、
本当の贈り物と言える
ラルフ・ウォルドー・エマーソン（哲学者）

『午後のお茶会』と呼ばれる儀式に
捧げられる時間ほど
楽しい時間はそうない

ヘンリー・ジェームズ(作家)

あなたが寒いと感じた時、
お茶はあなたを温めてくれるでしょう。
あなたが暑すぎると感じた時、
お茶はあなたをクールダウンさせてくれるでしょう。
あなたが悲しい時、
お茶はあなたを明るくさせてくれ、
そして興奮している時、
お茶はあなたをそっと落ち着かせてくれるのです
ウィリアム・グラッドストン（イギリス元首相）

お茶会ほどエレガントな
少人数のパーティーはありません。
優雅の極みと
言っていいでしょう
ケイト・スペード（ファッションデザイナー）

## はじめに

幼い頃、紅茶好きの祖父から立派なティーポットと舶来品のリーフティーを渡されて「紅茶を淹れておくれ」と頼まれました。はじめは美味しく淹れることができなかったけれど、祖父の好みのお茶がいれられるようになると、大変喜んでくれました。それ以来、うちでは紅茶を淹れるのは私の役目となりました。

お湯を沸かし、ポットを温め、丁寧にお茶を淹れる。何てことはないシンプルな行為で、こんなにも誰かに喜んでもらえる。そして、そのことによって自分も幸せになれるなんて！　少しの緊張感と大きなワクワク感を得て、私の紅茶人生はここからスタートしました。

その後、編集者になった私は、仕事で取材させていただいている過程で、日本紅茶協会ティーインストラクターの資格を取得しました。そして、紅茶の持つ本当の魅力を追求するため、主人と幼い息子と一緒に、紅茶の国イギリスへと渡りました。また、紅茶生産国であるスリランカ、台湾の茶園を訪ね、お茶作りの現場に触れてきました。

そこでわかったのは、紅茶は彼らを支えてきた文化であり、生きていく上で必要な生活そのものだということでした。

「A Nice Cup of Tea」という言葉があります。これは、紅茶は単なる一杯の飲み物ではなく、焼き立てのお菓子や活けられたお花、一緒にいる人との会話、それら全てを含めるという意味です。

心を込めて淹れた熱い紅茶、手作りのお菓子、ゲストを温かく迎え入れるおもてなし、この精神を基にティータイムの教室を開いて、23年が経ちました。生徒さんから、紅茶を淹れることで、うまくいっていなかった夫婦間や上司との関係がよくなった、思春期で口もきかなかった息子から「母さん、紅茶淹れて」といわれるようになった、など、嬉しいお言葉もいただきました。

日々頑張っている人たちが、ティータイムで癒され、笑顔になっていく。一杯の紅茶の持つ力の大きさを感じています。

お茶を飲むことで心も体も健康になり、人間関係も豊かになっていただきたくて。

この本を通して、心のティーカップが幸せで満たされ、あなたと、あなたの大切な人が幸せになれますように。

お茶があなたを抱きしめて、温かく包んでくれますように。

# Contents
もくじ

はじめに ...... 6

## Chapter 1  *The Basics of Tea*
### 紅茶の基礎知識 ...... 13

よい茶葉の見分け方と美味しい茶葉について ...... 14
イギリスの女王たちが愛した紅茶の歴史 ...... 15
紅茶ができるまで ...... 16
紅茶の名称と等級区分 ...... 18
茶葉の種類 ...... 20
ゴールデンルールによる紅茶の美味しい淹れ方 ...... 22
茶葉の選び方とスタンダードな美味しい飲み方 ...... 26
絶品ミルクティーの淹れ方 ...... 28
透明で美味しいアイスティーの淹れ方 ...... 31
揃えておきたいティーグッズ ...... 34

## Chapter 2 *Everyday Tea Time*
毎日いつでも紅茶の時間 ......... 39

Early Morning Tea　まばゆい朝の目覚めのベッドティー ......... 40

English Breakfast Tea　朝食に濃厚ミルクティー ......... 46

Elevenses Tea Break　11時のお茶 ......... 52

Lunch Time　わくわくランチタイム ......... 60

Afternoon Tea　プリンセスになる午後のお茶会 ......... 66

Midday Tea Break　午後3時のティーブレイク ......... 74

High Tea　夕焼けハイティー ......... 80

Dinner Tea　家族揃ってディナーティー ......... 88

After Dinner Tea　思いきりくつろぐ食後のお茶 ......... 94

Good Night Tea　お休み前のナイトティー ......... 100

Chapter 3 *Let's Tea Party*
お茶会でおもてなし ..... 109

Christmas Tea　クリスマスティー ..... 112

Japonesque Tea　ジャポネスクティー ..... 118

Baby Shower Tea　ベイビーシャワーティー ..... 124

Nursery Tea　ナーサリーティー ..... 130

Sweet Lover's Day　スウィートラヴァーズデイ ..... 136

Mother's Day　マザーズデイ ..... 142

Escape Tea　エスケープティー ..... 148

おわりに ..... 156

### Column　コラム

- England　はじめての紅茶修行 ..................................................... 58
- Afternoon Tea　よりアフタヌーンティーを愉しむために ............... 72
- Sri Lanka　セレンディピティーの国 ............................................. 86
- Taiwan　究極のお茶を訪ねて ....................................................... 106
- Original Tea　オリジナルブレンドの誕生 .................................... 107
- Party Items　揃えておきたいティーパーティーのアイテム ........... 154

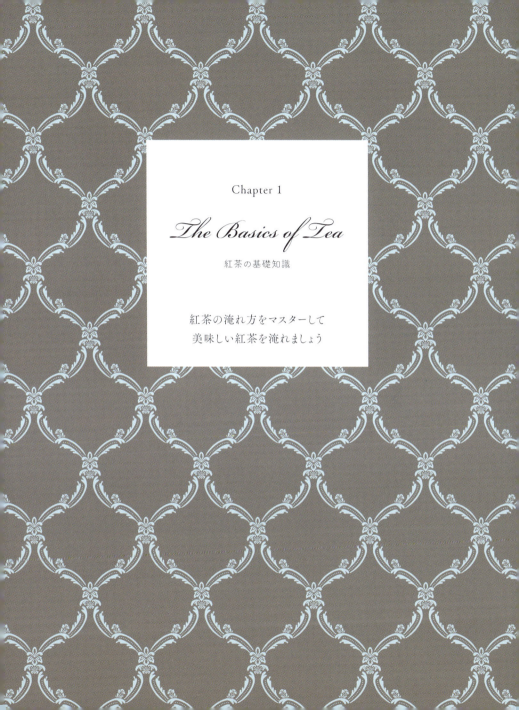

# Chapter 1

## The Basics of Tea

紅茶の基礎知識

紅茶の淹れ方をマスターして
美味しい紅茶を淹れましょう

# What is Good Tea ?

よい茶葉の見分け方と美味しい紅茶について

品質のいいお茶の葉は、撚りが揃っていて艶があり、見ただけではわかりにくいかも知れませんが、触ってみると適度に乾燥しています。淹れた時のお茶の水色は濁りがなく透き通り、美しい輝きがあります。清々しく花のような香りがふんわりと漂い、口に含んだ時、ふくよかで柔らかい味わいが広がっていくのを感じられるでしょう。

適度な渋みも紅茶の持つ魅力のひとつ。すっきりとしていてのど越しがよく、飲んだ後気持ちがいいものです。

このようなお茶は淹れた後の茶殻も茶褐色をしていて艶があり、いい香りを放っています。

特に茶葉は新鮮さが重要です。時間が経つと酸化により水色も濁り、風味も落ちてきます。保存方法にもよりますが、美味しく飲める期間は製造してから1〜2年。開封したら3か月〜半年ほどで、できるだけ早くお飲みになることをおすすめします。

紅茶は嗜好品なので、その人によって美味しさの感じ方が違いますが、いいお茶は身体が健やかになっていくような心地よさを感じるものです。古いものは身体によくないので、賞味期限で飲み切りましょう。

緑茶、中国茶、紅茶では製造の仕方が異なりますので、それぞれに合った淹れ方で美味しいお茶を楽しみたいですね。

共通していえるのは、心を込めて丁寧に淹れること。そうすることでよりいっそう美味しいお茶が入ることでしょう。

# History of Tea

イギリスの女王たちが愛した紅茶の歴史

イギリスの華麗な紅茶文化は、女王たちの存在なくして語れません。もともとお茶は中国で生まれ、初めは薬として飲まれていました。長い年月をかけて、紅茶がアジア諸国で飲まれるようになり、アジアとの貿易を独占していたオランダへともたらされます。その後、イギリスより先にオランダ経由でポルトガルに渡りました。

1662年、ポルトガルのキャサリン王妃（1638-1705）がイギリスの王チャールズ2世のもとに砂糖とお茶を持参し、お輿入れします。当時、砂糖は高価で、お茶もまた大変貴重な品でした。このお茶好きの王妃の影響で、イギリスの宮中でティータイムの文化が始まったのです。

ティータイムの様子（メアリー・カサット「お茶」）

キャサリン王妃

# Growing and Making Tea
## 紅茶ができるまで

緑茶も紅茶もウーロン茶などの中国茶も、もとは同じお茶の木からできます。学名はカメリアシネンシスというツバキ科の常緑樹。緑茶は茶葉を蒸すことによって発酵を止めて作りますが、中国茶や紅茶は茶葉の中の酸化発酵の働きによって茶の成分であるタンニンを酸化させて作ります。製造は大きく分けて「オーソドックス製法」と「アンオーソドックス製法」の2つです。オーソドックス製法は昔ながらの伝統的な製法で、アンオーソドックス製法は大量生産できるように考えられた「CTC製法」（P19参照）のことです。ここではオーソドックス製法の紅茶の製造過程をご紹介します。

## オーソドックス製法の製造過程

### 摘採 Plucking
手または機械で葉を摘み取ることをいいます。新芽とその下の2枚を「一芯二葉」といい、上質な紅茶はこれのみを手摘みしていきます。

### 萎凋 Withering
生葉が硬いままだとうまく揉めないので、ネットや棚に薄く広げて陰干し、水分が50％に減るまでしおらせます。

### 揉捻 Rolling
手または揉捻機にかけて、葉を揉んでいきます。これにより酸化酵素が活性化され、紅茶独特の赤褐色を作り出し、香り、味わいも生まれます。

### 玉解き、ふるい分け Roll Breaking
よれて塊になった茶葉を解き、揉捻不足のものとふるい分けして、順次すべての茶葉を揉捻し直していきます。

### 発酵 Fermentation
棚などに広げ、温度25～30度、湿度90～98％の熱を加えて発酵を進めます。茶葉は鮮やかな赤銅色になり、特有のよい香りを生み出します。

### 乾燥 Drying
乾燥機に入れて熱風を当て、水分が3～4％になるまで乾燥させ、完全発酵させます。ここで茶葉は化学反応をおこし、長期貯蔵が可能になります。

### 仕上げ Sorting
茶葉をふるいにかけて大小のサイズ分けをし、等級に分けていきます。この時、粉、ちり、木くずなども取り除きます。

# Whole Leaf Tea Grade
### 紅茶の名称と等級区分

茶の葉にはその部位によって名前がついています。茶摘みをするときは芯芽(FOP)とその下の2枚(OP、P)の葉を摘むことを理想としていて、これを一芯二葉といいます。3枚目(PS)まで摘む場合もありますが、葉は成長とともに下の葉ほど硬くなり風味も落ちてきます。

**茶葉の名称**

FOP
フラワリー・オレンジペコー

OP
オレンジペコー

P
ペコー

PS
ペコースーチョン

### 主な等級区分

紅茶の等級区分とは、ふるいにかけられた茶の大きさ、サイズ分けされた形状のことをいいます。あくまでもサイズのことで品質のことではありませんので、その大きさによって上質かどうかは決まりません。

#### FOP フラワリー・オレンジペコー
産毛のついた芯芽の部分。旬のダージリンなど特別な茶葉はFTGFOP（ファイン・ティッピー・ゴールデン・フラワリー・オレンジペコー）と形容する場合も。

#### OP オレンジペコー
1番目の若い葉で、撚りのきいた長く大きな茶葉。芯芽もふくまれることもある。

#### BOP ブロークン・オレンジペコー
芯芽と1枚目のOPの葉を専用の機械にかけて2〜3㎜にカットしたもの。香味も強くて水色も濃く、淹れやすい。

#### BOPF ブロークン・オレンジペコー ファニングス
BOPよりさらに細かく粉砕した1〜2㎜の茶葉。水色も濃く、浸出が早いのが特徴。

#### Dust ダスト
ふるいにかけて残った粉状の茶葉で、グレードの中では最小。ティーバッグによく使われる。

#### CTC シーティーシー
専用の機械にかけた茶葉。クラッシュ、ティアー、カールの略で、押しつぶし引き裂いて丸めてあり、茶液が早くよく出るように加工している。

# Variety

茶葉の種類

**Uva ウバ**
スリランカの標高1200m以上の山で採れるハイグロウンティー（高地栽培のお茶）。世界三大銘茶のひとつ。薔薇のような芳醇な香りと刺すような鋭い渋み、後味にもコクがありミルクティーに合います。水色は鮮紅色で、高品質なものはカップの淵に沿って金の輪ができます。

**Darjeeling ダージリン**
世界三大銘茶のひとつ。インドのヒマラヤ山脈で採れ、紅茶の中のシャンペンとも呼ばれるほど香りがよく、ほどよい渋み、心地よい後味が残る高品質のお茶です。明るい橙色の水色で、春夏秋とクオリティーシーズンがあり、それぞれ特徴が異なります。シルバーチップス（銀色の芯芽）が入っていれば上質。

**Assam アッサム**
北インド、アッサム地方の標高50〜500mの広大な平地で採れます。上質な茶葉は明るく綺麗なゴールデンチップ（オレンジ色の芯芽）を含み、香りは柔らかく独自の甘い香りがあります。水色は深い赤色。コクがあるのでミルクティーにおすすめです。

**Keemun キーマン**
中国安徽省祁門県で生産される世界三大銘茶のひとつ。茶葉はよく撚られていて細く黒っぽく、ほのかなスモーキーフレーバーが特徴。高品質なものは蘭の香りがします。渋みも少ないので、睡眠前などにもおすすめです。

**Nuwala Eliya ヌワラエリア**
スリランカ標高1800mの避暑地で採れるハイグロウンティー。昼夜の温度差が激しいため、しっかりとした渋みと香りの個性豊かな高品質のお茶ができます。緑茶のようなグリーニッシュな味わいで、水色は淡いオレンジ色、茶殻は緑がかった色をしています。

### Dimbula ディンブラ
スリランカの三大ハイグロウンティーのひとつ。水色は明るい紅色をしていて、くせのない強い味わいと爽やかな香りが万人に好まれています。ストレート、ミルク、レモンティーでも活用できるでしょう。旬の2月摘みは花のような香りがして美味。

### Japanese Black Tea 国産和紅茶
近年日本の紅茶の品質は目覚ましく向上し、甘みのある美味しいお茶が生まれています。べにふうき、べにひかりという品種は紅茶用に品種改良され、その鮮やかな紅色とこっくりした味わいが和菓子にも洋菓子にもよく合います。

### Nilgiri ニルギリ
南インドのニルギリは他のインドのお茶のように個性が強くなく飲みやすいので、どんなバリエーションティーにも使えます。水色は澄んだオレンジ色をしていて、爽やかな味わいも飽きがこないので、好き嫌いがなく好まれます。

### Original Blend Tea ブレンドティー
紅茶メーカーではTPOに合わせ、いくつかの茶葉を合わせて独自のブレンドティーを作っています。その魅力は茶葉を合わせることによってまた別の個性が生まれることです。お好みのブレンドティーを見つけられたらいいですね。

### Earlgrey アールグレイ
茶葉にイタリアの柑橘ベルガモットの精油を着香した、イギリス生まれのフレーバーティー。当時の首相グレイ侯爵が大変お気に召したことから、この名前がつけられました。メーカーによっても若干風味が違います。清涼感のある香りでアイスティーに最適。

# How to Make a Nice Cup of Tea

ゴールデンルールによる紅茶の美味しい淹れ方

美味しい紅茶を淹れるためには、いくつかのルールとポイントがあります。ここでは、紅茶の国イギリスにおける「ゴールデンルール」に従いながら、日本の水や風土にも合うよう、美味しい淹れ方をご紹介していきます。

紅茶の美味しさの成分であるタンニンとカフェインは85度以上で溶け出してくるため、95〜100度の沸騰直前のお湯が必要です。茶葉の分量や蒸らし時間は飲み方によっても微妙に違ってきますが、まずは基本の淹れ方をマスターし、徐々にお好みの味わいを見つけていきましょう。

### 1. ティーポットを用意する

まずは紅茶を淹れるためのティーポットを用意しましょう。茶葉がのびのびと対流しやすいように形は丸いもの、きちんと茶葉を蒸らせるように蓋がしっかり閉まるものが適します。材質は陶器や磁気などが冷めにくいのでおすすめです。

ティーポットはあらかじめ必ずお湯通しをして温めておきます。冷えたティーポットにお湯を注ぐと、お湯の温度が5度下がってお湯が冷めてしまいます。

ガラス製は中が見えるのでジャンピングを確認するのに便利です。銀製はエレガントで素敵ですが、味が変化する場合もあります。

## 2. 茶葉を正確に測る

茶葉の大きさに合わせて杯数分の茶葉を測り、ティーポットに入れていきます。カップ1杯分のお湯200～250ccに対して、OPサイズならティースプーン、またはティーメジャースプーンで大盛り1杯(3g)ほど。BOPサイズなら中盛り1杯(2.5g)ほどが適量です。FBOPサイズやCTCサイズならすり切り1杯(2g)を目安にしてください。
ただし、ミルクティーで飲むのかレモンティーで飲むのかによっても、また、お好みによっても変わってきますので、ここではあくまで基本の目安としてください。＊詳しい茶葉の等級は19ページを参照

## 3. 新鮮なお湯を沸かす

やかんに水道水を勢いよく注ぎ、強火で沸騰させます。小さな泡がしゅーっと出てきて、5円玉くらいの泡になる寸前の、沸騰直前で火を止めます。決して沸騰しすぎないように注意してください。お湯の中の空気がなくなって紅茶の味を損ねてしまいます。
お湯が冷めないようあらかじめティーポットはやかんのそばに持って行き、沸かしたてのお湯を注ぎましょう(1.で入れたお湯は捨てます)。
ミネラルウォーターは、酸素が少なくミネラルを多く含んでいるため紅茶の水色が黒くなってしまうのでおすすめしません。汲み置きの水、一度沸かしたお湯を使う時も同様です。酸素が少なくなっているので、もし使用するなら少し水道水を加えて沸かし直すと良いでしょう。

### 4. 茶葉の大きさに揃えてきちんと蒸らす

お湯を入れたらすぐに蓋をして、3分時計やタイマーで時間を計り、しっかり茶葉を蒸らします。ＦＢＯＰサイズ、ＣＴＣサイズなどの細かい茶葉なら2分、ＢＯＰサイズなら2分半から3分、ＯＰサイズなら茶葉が開くまで時間がかかるので3〜5分以上蒸らしましょう。

蒸らしている間、茶葉が対流しているこ とを「ジャンピング」といい、紅茶の味を左右する大切なポイントとなります。沸かしすぎのお湯を注ぐと茶葉は下に沈み、沸いていないお湯だと茶葉は上に浮かんだまま降りてきません。ジャンピングはお湯の状態が美味しい紅茶に適している証拠。これが成功したら、美味しい紅茶はほぼ手に入ったといえるでしょう。

## 5. 注ぎわけ

茶葉を蒸らしたら蓋を取り、バースプーンなどで軽く葉を起こすようにそうっとひとかきします。これはお茶の成分をあらかじめ均等にするためです。次に茶こしを使って、カップに均等に注ぎわけしていきます。最後の一滴まで丁寧に心を込めて注ぎましょう。これを「ベストドロップ」、または「ゴールデンドロップ」と呼びます。

# Choosing Tea, Drinking Tea
## 茶葉の選び方とスタンダードな美味しい飲み方

紅茶は産地によってさまざまな特徴があります。例えば、そのままストレートで飲んだ方が美味しさをより感じられる紅茶、ミルクやフルーツを入れることでまた違った美味しさを感じられる紅茶など。
どんな時に、どんなシーンで楽しみたいか、合わせたいお食事やお菓子によっても紅茶の飲み方を選ぶ大きなポイントとなります。どのように飲んだら美味しく感じるかは個人の好みにもよりますが、ここではごくシンプルな日常の3つの飲み方をご紹介します。

### ストレートティー

茶葉の持つ本来の香りや味わい、水色を楽しみたい時は、何も加えず堪能します。最高級ダージリン、高山で採れるヌワラエリア、アールグレイなどのフレーバードティー、クオリティーシーズンで採れたお茶などはストレートがおすすめです。シンプルなお干菓子でもクリームたっぷりのケーキでも、相性は抜群です。

### レモンティー

茶葉はあらかじめ少なめにして軽めの紅茶を淹れましょう。カップにレモンのスライスを浮かべ数回かき混ぜたらすぐに取り出します。酸味が出やすいのでグラニュー糖を加えると美味しくなります。茶葉は渋みの少ないセイロン、アールグレイなど。レモンの香りが爽やかでチーズケーキやスフレなどと相性がよいでしょう。

### ミルクティー

紅茶の渋みを和らげミルキーで優しい味わい。コク深く淹れるためには、紅茶を濃いめに出すことがポイントです。アッサム、ウバは濃厚でパンチがあり、細かい茶葉、CTCもおすすめ。スコーンやショートブレッドなどの粉菓子や、パウンドケーキなどによく合います。

# English Milk Tea, Royal Milk Tea, Chai

### 絶品ミルクティーの淹れ方

その優しいミルクブラウンの色合い、濃厚なミルキーな味わいのミルクティーは気持ちをほっとさせ癒してくれますね。

紅茶好きで知られるイギリスやアイルランドの人たちもミルクティーが大好き。それはミネラルたっぷりの水が紅茶に適し、その土地の牛乳との相性が抜群だからです。インドではチャイ、チベット・モンゴルではバターや塩を加えて、香港ではエヴァミルクを加えたミルクティーを飲むなど、その土地によって一番合った飲み方で親しまれています。

ここでは牛乳に負けない、コクがあって美味しいミルクティーの淹れ方をご紹介します。バリエーションも豊かにお楽しみください。

## 1. イングリッシュミルクティー

イギリスではティーウィズミルクといい、ブラックティーと呼ばれるほど濃く淹れたベースの紅茶に室温の牛乳を加えて飲みます。

【淹れ方】

お湯の量を少なく150〜200ccにし、蒸らし時間も長めに。英国式なら牛乳を先に入れ、後から紅茶を注ぎます。カップの9分目までたっぷり入れましょう。

## 2. ロイヤルミルクティー

品のあるリッチな味わいが人気の、お鍋で蒸らして作るミルクティーのことです。

【淹れ方】

鍋に水またはお湯をカップの半分入れ、茶葉を山盛り1杯分入れます。茶液が出てきたら、同じ量の牛乳を鍋に入れ、沸騰直前で火を止めます。蓋をして3分以上蒸らし、漉して出来上がり。砂糖を少し加えるとぐっとコクが増します。

## 3. チャイ

インド、スリランカの、お湯と牛乳で煮出し砂糖を加えた甘い飲み物です。

【淹れ方】

鍋にお湯をカップ2分の1、茶葉をスプーン1杯分入れて茶液を出したら、残りカップ2分の1の牛乳を加え、弱火でコトコト煮出します。スパイスを入れる時はこのタイミングで。きび砂糖などをお好みで加えて。

Keypoint

### ティータイムにぴったりのミルクって?

【おすすめの牛乳は……】
○60度で30分、もしくは75度で15秒殺菌した低温殺菌牛乳。
　さらりとしていて紅茶の風味を邪魔しません
◎ジャージー牛乳。濃厚で脂肪分が高く低温殺菌のものが多いので、
　本場のイングリッシュミルクティーには最適!
◎紅茶用ミルク。低温殺菌牛乳スプーン3:コンデンスミルクスプーン1の割合で
　混ぜ合わせて作ります

【おすすめしない牛乳は……】
×120～130度で2～3秒殺菌した高温殺菌牛乳。
　タンパク質が変化し独特の匂いがでてしまいがちに
×紅茶と合わせると水っぽくなってしまう低脂肪牛乳
×バターやクリームを加えた加工乳である濃厚牛乳。デリケートな紅茶には不向き

### あなたのお好みのミルクティーは?

デリケートで水色が薄い紅茶より、抽出の早い細かい茶葉、CTCなどが向きます。
- 甘みを感じるこっくりとしたミルクティーなら⇒アッサム
- 刺激的な強い味わいのミルクティーなら⇒ウバ
- 野性的なミルクティーなら⇒ケニア
- 何杯でも飲みたくなるさらりとしたミルクティーなら⇒ディンブラ
- スモーキーで特徴的なミルクティーなら⇒中国のキーマン
- とろりとしたチョコレートのようなミルクティーなら⇒ルフナ
- 英国式濃厚ミルクティーなら⇒イングリッシュ・ブレックファスト・ブレンド
　(忙しい朝のために早くよく出るように作られたミルクティー用のブレンド)

# How to Make a Glass of Beautiful Iced Tea

透明で美味しいアイスティーの淹れ方

アイスティーの歴史は1904年のアメリカ、セントルイスで行われた万国博覧会で偶然始まりました。熱い時に飲む冷たいアイスティーはのど越しがよく、気分もリフレッシュさせてくれて美味しいですね。また、洋食はもちろん和食にもどんな食事にも合わせやすいので、どんなシーンにも大活躍。水出しなら作るのも簡単で、冷蔵庫にも冷やしておけます。

お湯出しの作り方のポイントは、2倍の濃さの紅茶を作り、甘みをつけ、オンザロックス方式で淹れる。この3つです。薄くならず濁らないようにするにはちょっとしたコツがあります。コツさえつかめば、いつお客様がいらしても大丈夫。透明で美しいアイスティーの作り方をご紹介しましょう。

## 1. 基本のアイスティー

ベースのアイスティーの作り方を押さえましょう。ここでは一般的なオンザロックス方式をご紹介します。

【淹れ方】

①ゴールデンルールに基づいて2倍の濃さの紅茶を作ります。お茶の葉の分量はそのまま、お湯の量を半分にしましょう。
②やや短め2〜3分ほど蒸らしてからお茶を漉します。
③甘みをつける場合はここでグラニュー糖を加えます。
④グラスに砕いた氷を口までたっぷりと入れ、その上から紅茶を注ぎ、かき混ぜながら急激に冷やします。

## 2. フルーツ・セパレートティー

フレッシュフルーツジュースを使って2層に分けたバリエーションアイスティー。その爽やかな味わいは誰もが虜になる美味しさです。

【淹れ方】
①2倍の濃さのベースの紅茶を作っておきます。
②カップ1杯分につきティースプーン3杯分のグラニュー糖を入れよく溶かします。
③グラスに氷を入れ、②を8分目まで注ぎ冷やします。
④その上から無糖のフルーツジュースを氷に充てるように静かに入れます。飲む時はかき混ぜてお飲みください。

## 3. アイスティー・ロイヤル

牛乳と生クリームを使ってくっきりと二層に分ける、コクのあるアイスティーです。上にホイップクリームやミントを飾ればまるでデザートのようなドリンクに。

【淹れ方】
①2倍の濃さのベースの紅茶を作っておきます。
②カップ1杯につきティースプーン3杯分のグラニュー糖を入れよく溶かします。
③グラスに氷を入れ、②をグラスの8分目まで注ぎ、冷やします。
④その上から牛乳をそうっと入れます。飲む時はかき混ぜてお飲みください。

### 4. カナディアン・サンセット

ざくろのグレナデンシロップをカナダの夕日に見立て3層にしたカクテルのようなアイスティー。

【淹れ方】
① 2倍の濃さのベースの紅茶を作っておきます。
② カップ1杯分につきティースプーン3杯分のグラニュー糖を入れよく溶かします。
③ 写真のように下がすぼまったグラスに氷を入れ、スプーン2〜3杯のグレナデンシロップを入れます。
④ 紅茶を8分目まで入れます。その上から炭酸水を静かに入れ、飲む時はかき混ぜてお飲みください。

Keypoint

### クリームダウン、ミルクダウンとは？

アイスティーを作る時、紅茶液が白く濁ってしまうことがあります。これをクリームダウン、もしくはミルクダウンといい、紅茶の主成分であるタンニンとカフェインが結合して、白く見える現象のことです。

### 水出しアイスティーの作り方

汲みたての水1リットルに対し茶葉15gを目安に入れ、6〜8時間ほど冷蔵庫で冷やします。お湯出しと違ってタンニンや渋みも少ないので、お風呂上りや寝る前などリラックスタイムにいいですね。

# Lovely Tea Goods
揃えておきたいティーグッズ

ティータイムをウキウキさせるのは、美味しい紅茶はもちろんですが、それをとりまく茶道具、グッズたちも大きな役割を担っています。機能性や使い勝手はもちろんですが、使っていて気持ちが華やぐというのが重要です。可愛いティー雑貨は見ているだけでもワクワクしますし、テーブルセッティングの演出にもってこいです！

どんなシーンで使うかによって、選び方も違ってきます。例えば、ティーポットなどは、ひとりで飲む時と大人数で飲む時とでは大きさも変わってきます。今まで兼用で使っていたものから、紅茶専用に少しずつ揃えていきましょう。お気に入りに出逢えたら、ティータイムはよりいっそう楽しく幸せな気分になりますよ！

**ティースプーン Tea Spoon**
またはティーメジャースプーンともいい、茶葉を測る時に使います。コーヒースプーンはティースプーンよりサイズが一回り小さいので、3gきちんと計れる紅茶用のスプーンをひとつは用意しましょう。

#### ティーポット Tea Pot

リーフティー、ティーバッグとも、じっくり茶葉を蒸らすことができるティーポットは必需品です。茶葉が対流しやすいように形は丸くて、材質は冷めにくい陶磁器製がおすすめですが、ガラス製も中が見えて便利です。

#### やかん Kettle

できたらステンレス製のものがベストです。ホーロー製なら、中が剥げていないかきちんとチェックして。鉄瓶は鉄の成分が入って紅茶の色を黒くしてしまうのでおすすめできません。鍋で沸かすのもよいでしょう。

#### ティーカップ Tea Cup

形でいえば、口は大きく広がっていて浅く、中は白地がよいでしょう。紅茶の水色が鮮やかに見え、口に含んだ時もデリケートに感じます。磁器や陶器は保温性もよく、口当たりも柔らかです。

#### ティータオル Tea Towel

ティータイムの時に使う大判のタオル、ふきんのことです。食器を拭いてもいいですし、絵柄が綺麗なものはテーブルに敷いたり壁に飾ったりして楽しみます。

#### ティートレイ Tea Tray

ポットやカップを載せて運ぶ時に使うお盆のこと。金属製やステンレスなどすべりやすい材質のものなら、スヤ布を敷いて使いましょう。両側に取っ手があると運ぶのに便利です。

### ティーコージー Tea Cozy
お茶が冷めないようにティーポットにかぶせておくお茶帽子のことです。綿がたくさん入っているほうが保温性に優れていますが、そうでなくて30分はお茶が冷めずに美味しくいただけます。

### ミルクピッチャー Milk Pitcher
牛乳を入れてティーカップに添えます。コーヒー用は小さいですが、紅茶用にはたっぷり入る大ぶりのものがいいでしょう。牛さんの形をした可愛いものもあります。

### シュガーポット Sugar Pot
砂糖を入れておく入れ物のこと。ティーポットと揃えておくとよいでしょう。中世では、大きければ大きいほど豊かさの象徴だったとか。紅茶にはグラニュー糖、角砂糖がおすすめ。

### ティーキャディー Tea Caddy
茶葉を入れておく容器のこと。お茶は湿気を嫌うので、直接空気に触れぬよう、また、直射日光が当たらないように密閉容器に入れて保存しましょう。なお、紅茶は完全発酵しているので冷蔵庫に入れる必要はありません。

### ティーベル Tea Bell
お茶の時間を知らせるベルのこと。18世紀の貴族の館は広かったため、このベルを鳴らしてティータイムを知らせたといいます。陶器のものや金属製のものまで色んな音色があります。

### ティーストレーナー Tea Strainer

ティーカップに茶葉が入らないようお茶の葉を漉すもの。ステンレス製や高価なシルバー製など色々あります。細かい茶葉が落ちないように、メッシュの網が張ってあるもの、受け皿があるものもあります。

### バースプーン Bar Spoon

グラスにアイスティーを作った時や、カクテルティーを飲む前にかき混ぜるために使います。また、ティーポットの中の茶葉を起こすようにかき混ぜる時にも使います。

### 3分時計 Tea Timer

何分たったか忘れてしまわないようにひとつ準備しましょう。お茶を蒸らす時間も楽しくなります。砂時計、ガラス製のもの、電子タイマーなどがありますが、必ず3分以上計れるものを使いましょう。

### ティーバッグトレイ（レモンプレート） Lemmon Plate

使い終わったティーバッグを置く小さなお皿。レモンのスライスを置く際にも使えます。ティーポットの形をしているものなど可愛いトレイを見つけたら、お茶時間の専用にしてぜひそばに置きたいグッズです。

### ティーマット Tea Mat

ティーポットの下に敷くマットのことで、直接テーブルに置くよりもはるかにお茶が冷めにくく、また、テーブルクロスを汚すことも防げます。布製のもの、鍋敷きを活用してもよいですね。

Chapter 2

*Everyday Tea Time*

毎日いつでも紅茶の時間

朝起きてから寝るまでの間で
紅茶とのひとときを持ちましょう

*Everyday*
*Tea Time*

# Early Morning Tea

まばゆい朝の目覚めのベッドティー

小鳥のさえずり　窓から差し込む日の光
朝のモーニングティーは
気持ちよく一日を過ごすための
大切な一杯です
乾いた体に水分を補給し
目覚めさせていきましょう
どんな一日を送るかは自分次第です

# Early Morning Tea for a Day
### 豊かな一日を迎えるための朝のお茶

おはようございます。今朝の気分はいかがですか？　体調はいかがですか？　アーリーモーニングティーとは、別名ベッドティーともいわれる朝一番に飲むお茶のことです。休日ぬくぬくとベッドの中でお茶を飲むことから始められたら、どんなに幸せでしょう。

ベッドでお茶をとる習慣は、ルイ14世から始まり18世紀フランスの上流階級へ、そしてイギリス貴族に伝わっていきました。今でもイギリスでは夫が妻のベッドに紅茶を運ぶことがあるそう。さすがジェントルマンの国ですね。

日常においても、起き抜けにミルクティーを飲むことが健康にいいと考えられています。朝一番に飲む1杯のお茶は失った水分を補給し、のどの渇きをいやし、眠気を覚ましてくれます。さらには腸を働かせ便通にもいい作用があるという嬉しいことづくし。ぜひとり入れたい習慣です。

イギリスでは、列車や船、また郊外のマナーハウスに泊まった時でも、このモーニングティーを体験することができます。ボーイが熱い紅茶を銀のトレイに乗せて部屋まで運んでくれ、豊かで贅沢な気持ちで朝を迎えられます。

気分が落ちこんだ朝こそ、ちょっぴり早起きをして朝のモーニングティーを淹れてみましょう。心に余裕が生まれ、豊かな一日が始められるはず。体温を上げ、気分を上げ、キラキラの一日を始めましょう。

# My Recommend
### 私のおすすめ

### *Tea*
イギリスでは朝の目覚めの1杯はミルクティーがお約束ですが、起きたての身体には、カフェインの入っていないフレッシュハーブティーで始めるのもおすすめです。薬草や花びらにお湯を注いで蒸らした飲み物で、ヨーロッパでは、お茶よりもっと昔から薬として飲まれていました。まずは刺激の少ないハーブティーで、水分を補いましょう。

### *Foods*
決まってモーニングティーと一緒に添えられるのはスコットランドのビスケット、ショートブレッド。バターの香り豊かで味はまろやか、そして栄養たっぷり。また、ビタミン豊富なフルーツは水分も多く酵素も摂れるので、少しでも口に入れたい食材です。アーモンドなどのナッツ類もミネラル分が多く食べやすいので最適です。

### *Others*
寒い朝なら、肌触りのいい柔らかい素材のガウンが重宝します。パジャマの上に羽織れば、キッチンでお湯を沸かすのも苦になりません。それからぜひ用意したいのがティートレイ。ベッドに横たわったままお茶とスイーツがいただけます。脚付きのもの、ファブリック製のものなど色々あり、思い切り自分を甘やかしたい休日にもってこいです。

Recipe / 01

## ハーブティー

ミントは頭痛や頭重感、レモングラスは胃腸のもたれを助けるといわれています。フレッシュなもの、乾燥したもの、その種類形状はさまざま。体調に合わせて効能をよく知って使いましょう。

【材料】__1杯分
お好みのハーブ__小さじ山盛り1、90〜95度のお湯__200cc、(お好みで)はちみつ、砂糖__少々

【淹れ方】
生のハーブなら特に、熱湯を入れると葉や花が煮えてしまいます。お湯は沸騰直前で止めて使いましょう。ドライでも同様です。ティーカップ1杯につきティースプーン1のハーブを入れ、3分以上を目安にゆっくり蒸らします。夏は冷やしてアイスティーにしても。

Recipe / 02

## ショートブレッド

イギリスの伝統的な家庭菓子。ここではほろほろとした食感を出すため、上新粉を加えます。保存するときは湿気ないように缶に入れて、温めなおすとより美味しく召し上がれます。

【材料】__1個分（18cmの円形）
小麦粉__130g、上新粉__30g、無塩バター__100g、グラニュー糖__50g、塩__少々

【作り方】
室温に戻したバターをクリーム状に練り、お砂糖を加えてふんわりと混ぜ合わせます。小麦粉と上新粉を合わせたものをふるって入れ、生地を30分以上休ませたら、型に平らに敷いて空気穴をあけます。160度に温めたオーブンで30分焼き上げ、熱いうちに切り分けましょう。

*Everyday*
*Tea Time*

# English Breakfast Tea

朝食に濃厚ミルクティー

ベーコンエッグの焼けるにおい
やかんから立ちあがる湯気　お湯の沸く音
一日の始まりは元気にスタート
きっと今日はいいことある
いいことしか起こらない!!
幸せに満ち溢れた一日が始まる予感

# Breakfast Tea to be Healthy
### 健やかな毎日をおくるための朝食

あなたは朝食に何を食べていますか？　それは身体が喜ぶものですか？　一日の始めに摂る食事は、元気に過ごせるよう健康に良いものを選ぶことが理想的です。

18世紀中頃までのイギリス貴族社会では、フルブレックファストと呼ばれ、王室では8コース出されていたといいます。ベーコン、ソーセージ、キッパー（鰊の燻製）、キドニー、ポーリッジ（オートミールのお粥）、スクランブルエッグなどの卵料理、ベイクドトマト、マッシュルーム、ヨーグルトにフルーツ、これにカリカリに焼いたトースト。そして、ジュースと紅茶、コーヒー。このゴージャスな朝食は、当時の大英帝国の豊かさの象徴だったのです。今でもマナーハウスではこの豪華なフルブレックファストを楽しむことができるのですよ。

しかし、日常の朝食ではこういうわけにはいきません。ついワンパターンになって、栄養のバランスもおろそかになってしまいがち。忙しい朝だからこそ、手間をかけずに、美味しいもので栄養を採るよう心がけたいもの。今朝の体調はどんな感じか、身体は何を欲しているのか？体の声に正直に耳を傾けてみましょう。

そして飲み物にはぜひ、温かいミルクティーを。それも濃厚なミルクティーを加えてください。体を温め、血の巡りを良くし、元気にしてくれます。健康な肉体には健康な精神が宿ります。免疫力をあげ元気な一日をおくりましょう。

# My Recommend
### 私のおすすめ

*Tea*

「モーニングブレックファスト」という名前の紅茶がありますが、これは各メーカーが朝のミルクティー用に葉をブレンドしたもの。葉っぱは細かく砕いてあり、短い時間で濃いブラックティーが出るように作られています。薄まらずに美味しく飲めるように作られているので、ミルクや豆乳を入れても負けません。体が冷えていると感じたら、そこにスパイスを加えてスパイスチャイに。頭が痛いならミントミルクティー、はちみつを加えれば滋養になり元気が出ます。きな粉や黒豆を入れてイソフラボンを摂り入れることもできます。2杯分作って水筒に入れ、会社に持って行くとよいですね。

*Foods*

朝は良質なたんぱく質を採りたいので、卵料理は必須です。イギリス風朝食なら、スロースクランブルエッグはいかがでしょう。これに、バターで焼いた香ばしいベイクドトマトを添えます。生野菜もたっぷりと。酵素を摂り入れましょう。エキストラヴァージンオリーブオイル、またはエゴマオイルとお酢を振りかけ、仕上げに岩塩を加えます。健康的な心と体、そして、健やかなお肌を考えて、朝食だからこそ積極的に摂りたい栄養素です。和食にも合いますよ。

Recipe / 03

## シナモンジンジャーミルクティー

なんとなく身体が重く滞っている気がしたら、血の巡りをよくするスパイスティーを。カルダモン、シナモン、しょうがなどのスパイスがさらに身体を元気にして、芯から温めてくれます。

【材料】__1〜2杯分
モーニングブレックファスト用の茶葉__小さじ大盛り1、お湯__150cc、牛乳or豆乳__100cc、シナモンスティック__（砕いて）少々、カルダモン__2粒、しょうがスライス（パウダー可）__少々、クローブ__少々、（お好みで）砂糖__小さじ1〜3

【淹れ方】
鍋にティーカップ半分の水またはお湯を注ぎ、茶葉を入れて火にかけます。ここにスパイスを砕き入れ、カップ半分の牛乳または豆乳を注ぎ、煮出します。茶こしで漉して、はちみつもしくは砂糖を入れたら出来上がり。

Recipe 04

## スロースクランブルエッグ&ベイクドトマト

大いなる朝の豊かな朝食には、とろとろのスクランブルエッグがお約束。ちりちりのいり卵にならないよう、ごくごく弱火で、バターと生クリームでリッチテイストに仕上げます。

【材料】__1〜2人分
スクランブルエッグ：バター__大さじ1と1/2、卵__2個、生クリーム__大さじ3
ベイクドトマト：トマト__大1個、バター__大さじ2

【作り方】
ボウルに卵を割りほぐし、生クリームを入れてよく混ぜておきます。フライパンにバターを溶かしたら卵と生クリームを入れ、ごく弱火でゆっくりと火を入れていきます。トマトはスライスして、同様にフライパンにバターを敷いて中火で柔らかくなるまで焼きます。

*Everyday*
*Tea Time*

# Elevenses Tea Break

11時のお茶

11時になったらその手を止めて
ちょっとだけティーブレイク
オフィスで　キッチンで　街のどこかで
ビスケットをおともに
お気に入りのマグカップを抱えて
1杯の紅茶が人間関係をスムーズにしてくれる

# Time is Elevenses

人間関係を豊かにするために

あなたは今、人間関係で悩んでいませんか？ 仕事場で、学校で、家庭で。心地よい環境にいないのであれば、いますぐお茶を淹れてみましょう。あなたの気分を変えることができたなら、今度は苦手な上司や同僚に心を込めてお茶を差し出してあげてください。はじめは驚かれるかもしれません。でも、きっと温かさと親密さが伝わるはず。そのうち心地よい一体感が生まれ、場の空気が変わります。

革命以降、イギリス人は労働の厳しさや社会のストレスを感じ、日々アルコールに明け暮れていました。困ったヴィクトリア女王はアルコールの代わりに紅茶を飲む習慣をイギリス国民に広めます。そのひとつがイレブンジス、11時のティーブレイクです。国民たちはこの習慣を喜んで実践しました。11時の鐘が鳴ると、消防士も教会の司祭も床屋も警官も、皆一斉に手を止めて紅茶を淹れ啜りました。オフィスにはティーレディーが紅茶とスイーツを売りに来て大人気だったそうです。今では駅にもチョコレートの自動販売機が置かれ、お茶の時間のおともはすぐに手に入るようになりました。

お湯を沸かして、マグカップにティーバッグを放り込んで3分蒸らすだけ。面倒なことはなし。たった15分のティーブレイクが、心にゆとりを与えてくれます。特に人から淹れてもらったお茶はいっそう美味しく感じられるもの。あなたの近くにいる不機嫌な人たちを幸せにしてあげて、自分も幸せになってくださいね。

# My Recommend
私のおすすめ

*Tea*

オフィスや家庭で簡単に紅茶を淹れるなら、やっぱりティーバッグが便利です。紅茶の国イギリスでも実に90％以上の人がティーバッグを使っています。材質も紙製、ポリエステル製、布などさまざま。茶葉のクオリティーも上がって、リーフティーがそのまま詰められているものなども多くあります。ティーブレイクなら癖のないブレンドティーから始めて、気分転換になるようなお好みの味を見つけてみて。

*Foods*

フラップジャックスやビスケットなどの粉菓子は、歯触りとバターの香ばしさが心地よく、ランチまでのひと時空腹を満たしてくれます。ミルクティーとの相性が抜群です。ストレートの紅茶となら、ドライフルーツがおすすめです。健康にもよく、紅茶を口に含めばとろけるような味わいになりますよ。

*Others*

マグカップがあれば、ティーバッグでお茶を淹れるのに断然便利です。ティーカップより大きいので量もたくさん入って、材質も地厚で冷めにくく、カジュアルなティーブレイクに大活躍です。お気に入りをいくつか集めて、気分やシーンで使い分けするのも楽しいですね。

Recipe / 05

### マグカップで淹れる簡単ミルクティー

忙しいオフィスでのティーブレイクに欠かせないのはやっぱりティーバッグ。
ポットがない時はお皿などで蓋をして2〜3分蒸らすことがポイント。

【材料】＿1杯分
ティーバッグ＿1個（2〜3g）、お湯＿2/3カップ、牛乳＿1/3カップ

【淹れ方】
水かお湯をマグカップに注ぎ、ティーバッグを入れたら電子レンジで1分温めます。後から牛乳を加えて、同じく1分温めます。少し蒸らせば濃厚イングリッシュミルクティーの出来上がり。

Recipe / 06

## フラップジャックス

スコットランド生まれの家庭菓子でイレブンジスには欠かせません。オートミールが入っているので腹持ちが良く、食事の代わりにもなる香ばしくて美味しい便利なスイーツです。

【材料】__16枚分(天板1枚分)
無塩バター　120g、メープルシロップ味のオートミール__220g、塩__少々、ブラウンシュガー__70g

【作り方】
フライパンに無塩バターを溶かし、ここにオートミールを入れてさっくりと混ぜ合わせます。オーブンペーパーを敷いた天板の上に平らに流し入れ、160度のオーブンで30分焼きます。粗熱を取った後、適当な大きさにカットして冷蔵庫で冷やして出来上がり。

*Column 1*

# England
初めての紅茶修行

「もし紅茶がこの世からなくなったら生きてはいけないだろう」。そう語ったのはイギリスの詩人でした。
朝から晩まで平均して1日に8杯も紅茶を飲むイギリス人。紅茶の本当の魅力はこの国に住んでみなくてはわからない！　そう強く感じた私とともに、主人は会社を辞めて一緒に来てくれました。今から20年前のことです。2歳になる息子を連れて、私たち家族はロンドンに渡りました。スコットランドからウェールズまで、アフタヌーンティーの有名なホテルやティールームを訪ねては3か月間毎日お茶とフーズを堪能しながらその魅力を追求しました。
時には家庭やホテルに泊まり込みで、スコーンやショートブレッドなどのイギリス菓子やお茶の文化を教わりました。スコーンのレシピは、日本の家庭のお味噌汁の味が違うように、ホテルや家庭によってみな違いま

す。そして、今も代々伝わるおばあちゃんの味を守り続けています。
紅茶の淹れ方も同じです。先祖代々、そして今も大切に使い続けている茶渋で茶色くなったティーポットを温めて、ティーバッグを入れたらゆったりとお茶を楽しむ。決して焦ることはありません。渋くなったらお湯を足せばいい。そんなおおらかで豊かな紅茶の時間が、人生を優雅に生きる秘訣のような気がしました。当たり前の生活の中にある大切なティータイムの姿に出逢えたのです。
紅茶について勉強していると伝えると、シェフたちは喜んで私をキッチンに招き入れ、自らレシピを教えてくださいました。ホテルのボーイはサンドウィッチの選び方やマナーを話してくれ、メニューをプレゼントしてくれました。その時学んだおもてなしの精神が今の私のお教室の土台となっているのは確かです。

*Everyday*
*Tea Time*

# Lunch Time

わくわくランチタイム

何を食べて何を飲むのか
何を思ってどんな風に生きるか
選択は自由です
満ち足りた人生にするには
食べ物との関わりは重要です
あなたはどんなランチを楽しみますか

# Lunch Time with a Nice Cup of Tea
### 充実した人生を選ぶ

ランチとお茶の時間は、仕事の合間でリフレッシュできる毎日の楽しみのひとつです。イギリスでも13時の鐘が鳴ると、英国紳士が一斉にカフェテリアに繰り出し、サンドウィッチ片手にコーヒーもしくは紅茶を飲む姿が街中で見られます。

日本では、和食はもちろん、イタリアン、インド料理、中華に至るまで世界中の食事が手軽にいただくことができるようになりました。でも、意外とおろそかになりがちなのが、食事に合わせる飲み物です。食後にはコーヒーもいいのですが、食事中となると合わせる料理によっては味を壊してしまうこともあります。その点、紅茶ならどんな国のどんなテイストにも、邪魔をせず美味しくいただけます。ランチの後味をすっきりさせて、午後の活力となるでしょう。

紅茶にはフッ素が含まれているので、虫歯を防ぐ効果もあるといわれています。食後の歯磨きタイムがない時には紅茶で締めくくるのもいいでしょう。

何を食べて、何を飲むのか。誰と、どんな環境で食べるのか。これらの選択でランチの質が変わってきます。空腹を満たすためだけでなく、充実感のある楽しいひと時にしたいですね。

# My Recommend
私のおすすめ

### *Tea*
寿司や肉料理、パスタなど脂っこい料理にも紅茶は最適です。口の中から脂肪をキャッチし、洗い流してリセット。また美味しくお料理を味わうことができます。洋風のお料理ならアイスティーが合うでしょう。食後もすっきりした味わいのものがおすすめです。

### *Foods*
午後を元気に過ごすため、肉や魚を中心としたタンパク質重視の食事にします。手早くサンドイッチで済ませる時でも、バケットに野菜や肉など具をたくさん挟んでボリュームあるものに。昼はスタミナ源となるランチでエネルギーを蓄えれば、夕食まで間食をしなくてすみます。

### *Pairing*
カレーに合う紅茶……アイスライムティー、チャイ
ピザに合う紅茶……ニルギリ、トロピカルティー
和食、寿司に合う紅茶……ダージリンティー、ヌワラエリア
揚げ物、中華料理に合う紅茶……キーマン、アールグレイのアイスティー
サンドイッチに合う紅茶……アッサム、フレーバーティー

## Recipe / 07

### フルーツセパレートティー

紅茶をベースに搾りたてのジュースで二層にした美しくて美味しいドリンク。グレープフルーツやりんご、オレンジジュースでもできます。

【材料】__1杯分（背の高いグラス）
アールグレイ茶葉__ティースプーン2、グラニュー糖__ティースプーン5〜6、ロックアイス__グラスに1杯分、グレープフルーツのしぼり汁（できれば生）__グラスの4分の1

【淹れ方】
まず2倍の濃さのベースの紅茶を作ってグラニュー糖を入れ、よく溶かします。グラスに氷を入れ、紅茶をグラスの8分目まで注ぎ、アイスティーを作ります。その上からグレープフルーツのしぼり汁をそうっと入れます。

Recipe / 08

## 英国式マーマレードとハムのサンドウィッチ

イギリス人の大好きなマーマレードとハムを一緒にはさんだバケットサンドはいかが？ 甘くてしょっぱいユニークなサンドウィッチは、手軽で見た目も華やかだからランチボックスに入れてお弁当にしてもOK。

【材料】__1人分
バター__適宜、ロースハム__2〜3枚、マーマレード__大さじ1〜2、バケットパン__1/3本

【作り方】
バケットサンドをスライスし、バターを塗ったら、マーマレードをたっぷり塗り、ハムを挟みます。レタスやキュウリをプラスしてもよいでしょう。

*Everyday Tea Time*

# Afternoon Tea

プリンセスになる午後のお茶会

3段のトレイと薔薇の花
宝石のようなスイーツたち
ビオラの調べも美しく
銀食器に注がれる紅茶は黄金色に輝いて
プリンセスになる　午後のお茶会

# Afternoon Tea of Princess
### 愛される私になる

人は誰でも、大切にされたい、愛されたいと思うものです。ましてや女に生まれたらなおのこと。日常から解き放たれ、思いきりゴージャスな気分に浸りたい時もあるでしょう。

19世紀中期のイギリスでは、朝遅く朝食を取り、夕食の午後8時頃まで何も食事を取りませんでした。そこで、空腹に耐えかねた7代目ベドフォード侯爵夫人アンナマリアが、午後のお茶会を企てました。ヴィクトリア女王もそのお茶会にいらっしゃり、アフタヌーンティーの風習は上流階級の間で大変意味のあるティーパーティーに発展していきました。まさに「サロン文化」「紅茶文化」の始まりです。このお茶会は、社交を目的とした女性中心の文化であり、コミュニケーションの場でした。特にフォーマルな会ではドレスコードもあり、マナーやルールも重んじられます。

ホテルのアフタヌーンティーでは、3段のトレイにゴージャスなスイーツが並べられ、数種類ものティー、上質なティーセット、行き届いたサービス。時にはそんなラグジュアリーなホテルのラウンジに身を置いて、贅沢な時間を過ごすのもよいものです。プリンセスになったつもりで、姿勢を伸ばし、思いっきりエレガントに振舞ってみましょう。

シェフの作るお菓子やホテルの気持ちいいサービスも存分に楽しみ、おしゃべりに夢中になりすぎないように、本物のレディーになり切ることを忘れずにいてくださいね。

# My Recommend
私のおすすめ

### *Tea*
午後の優雅なひと時をゆったりと楽しむように、茶葉の大きなダージリンやアフタヌーンティーブレンドがぴったり。フレーバーティー、ミルクティー用のブレンドなども加えて、ゲストに選んでもらえるように3種類は用意しておきます。各メーカーから出しているブレンドは、午後のお茶用にホールリーフを使っていて、特に力の入った自信作ばかり。あなたのお気に入りをひとつ揃えておくと重宝します。

### *Foods*
サンドウィッチ、スコーン、ケーキ数種を用意します。英国式伝統的サンドウィッチは一口サイズの3×4センチと決まっており、フィンガーサンドとも呼ばれています。中身はきゅうり、スモークサーモン、ローストビーフ、チキンなどさまざま。1種類でもハンドメイドできるといいですね。

### *Others*
テーブルクロスにレースを重ね、小さめのティーナフキンを用意します。ティーポット、ティーカップ＆ソーサー、ケーキ皿などをクロスの上に並べたら、ぜひとも生のお花を飾るのをお忘れなく。カップの色に合わせれば統一感が生まれて素敵です。

Recipe / 09

## キューカンバー・サンドウィッチ

バリエーションを楽しめるティーサンドウィッチですが、きゅうりは必須です。19世紀中頃、貴族たちが庭で採れたきゅうりを出して客人をもてなしたことから、今でもメニューには欠かせません。

【材料】__2〜3人分
12枚切り食パン（耳は切り落としておく）、バター__少々、きゅうり__3本、塩__少し多め、乾燥パセリ__適宜、パルメジャンチーズ__適宜

【作り方】
バターは室温に戻して柔らかくし、パンの片面に塗ります。きゅうりは皮を剥いて3つに切り、横に3mmくらいにスライスします。その上に塩をかけてパンに並べ、パセリとパルメジャンチーズを振りかけます。重石をしてから縦3cm×横4cmの6つに切り分けます。

Recipe / 10

### ストロベリー・ババロア

苺の果汁をたっぷりと使った濃厚なスイーツ。眩しいくらいのピンク色がテーブルを華やかに彩ります。お口に広がる甘酸っぱい味わいと滑らかな食感が大人気です。

【材料】__4〜5人分
苺__370g（ジューサーにかけておく）、グラニュー糖__100g、レモン汁__大さじ2、板ゼラチン__10g（水にふやかしておく）、生クリーム__170cc、リキュール__適宜

【作り方】
苺を鍋にあけ、グラニュー糖、レモン汁を入れ火にかけたら、ゼラチンを溶かし入れる。火からおろした後、ボウルに移しリキュールを入れ、氷水にあてながら冷やし、とろみが出てきたら生クリームを加えてふんわり混ぜる。型に入れて冷蔵庫で冷やし固めて、苺を飾って出来上がり。

Afternoon Tea

# Afternoon Tea

よりアフタヌーンティーを愉しむために

**アフタヌーンティーのマナーQ&A**

Q.三段トレイは上から、下から？
A.イギリスでは一番上にサンドウィッチなどのフードを乗せるところが多いですが、フランスや日本などはケーキを上に乗せるところも。ただ、召し上がる順番は、サンドウィッチから始めましょう。

Q.お茶の選び方に決まりがありますか？
A.特にありませんが、私は軽いものから始め、スコーンはミルクティーと、ケーキはストレートティーと合わせると、バランスよく楽しめると思います。

Q.服装などで気をつけた方がよい点はありますか？
A.ジーンズやTシャツは避けましょう。お招きを受けた時やホテルでのラウンジなら、ワンピースやスーツなど少し改まってお出かけすると、招いた側にも喜ばれます。

Q.ティーカップの持ち方、置き方は？
A.ティーカップのハンドルにしっかり指をかけるのはあまりエレガントではありません。つまむように持ち、飲む時はカップを口まで持って行き、顔を動かさないようにすると綺麗です。

Q.話題で気をつけることは？
A.政治、宗教など争いごとになるような話題は避けます。病気や死についても、せっかくのフードが台無しになるので気をつけて。意外にも「噂話は一番のスイーツ」といったイギリスの作家もいました。

### 19世紀における
### アフタヌーンティーの10カ条

---

1. ミルクを先に入れてはいけない
2. 小指を立ててカップを持ってはいけない
3. 音を立てて飲んではいけない
4. ビスケットをティーに浸して食べてはいけない
5. バターやジャムは一度にたっぷりつけてはいけない
6. サンドウィッチやスコーンはナイフで切ってはいけない
7. ティーに使った後のレモンをしゃぶってはいけない
8. ティーの最中に鼻をかんではいけない
9. ジャケットを脱いではいけない
10. ナフキンはたたんではいけない

*Everyday*
*Tea Time*

# Midday Tea Break

午後3時のティーブレイク

いつもどんな時でもそばにいて
何があっても味方でいてくれる
そんな最強の友人は
人生の宝物
本当の自分に戻れる
午後3時のお茶時間

## Midday Tea Break with Cream Tea
### 私らしくなれる3時のお茶

気の置けない友人とのひと時は、温かい毛布にくるまっているような安心感があります。愚痴をこぼしても親身に聞いてくれ、くだらないことをいい合えば、自然に笑みがこぼれてきます。

ミッドティーは、午後3時から4時に取るお茶であり、一日の真ん中にあたるティータイムのことです。アフタヌーンティーとの違いは、特にマナーに厳しくないということ。

キッチンに立ってお湯を沸かして、お気に入りのティーカップにお茶を注ぐ。そこにビスケットがあれば、少しの時間、忙しい日常から救い出してくれるのです。それはまるで、毎日欠かさず会いたい友人のようなほっこりとした時間です。大切なのは心からの信頼と安心感。本当の自分に戻れる時間を持つということ。心のモヤモヤを手放して、しばし心地よいティータイムに浸りましょう。

イギリスのティールームでは「Cream Tea」の看板が出ていて、よく友人たちと午後のお茶を楽しみました。クリームティーとは、クリームをたっぷり添えたスコーンとミルクティーのこと。サクサクのスコーンに苺をのせればイギリス風。ゴージャスなホテルでのアフタヌーンティーと違って、コテージでとるクリームティーは心をほっこりと温めてくれます。そこに心の通い合える友人がいたら、これ以上何も必要ないのかもしれません。

# My Recommend
私のおすすめ

### *Tea*
イギリス風にクリームティーを満喫したいなら、ティーウィズミルク。アッサムや国産の和紅茶べにふうきなどもこっくりして美味しいです。友達とのおしゃべりには、フレーバーティーも気分を盛り上げます。茶葉に香りをつけたもので、フルーツや花の香りなどさまざまなバリエーションがあります。こちらはストレートがおすすめ。

### *Foods*
スコーンはやっぱり朝でもなく夜でもなく、午後のお茶に合わせるのが一番おすすめ。数種類のジャムとクロテッドクリームを添えてお茶のおともに、サラダやチーズ、スモークサーモンなどを乗せたら軽食代わりにもなります。また、バナナケーキやパウンドケーキもカジュアルな午後のティータイムにはお腹を満たしてくれるでしょう。

### *Others*
ティー周りの雑貨は午後のお茶をより一層充実させてくれます。銀の蓋のついたジャム入れや貝の形をしたジャムスプーンがあれば優雅な気分になれますし、お気に入りのティーカップを使えば見ているだけでうっとり。ティーコジーをポットにかぶせておけば、おしゃべりに夢中になってもお茶が冷めません。乙女の気分を少し刺激して。

Recipe / 11

## クランベリーのイングリッシュスコーン

名前の由来は王様の椅子だそうで、ぱっくりと2つに割れているのが本来の形。外はカリッ、中はふわっと柔らかく焼き上げるには、生地をこねすぎないのがポイントです。

【材料】__10個分
A（小麦粉__240g、ベーキングパウダー__小さじ2は合わせてふるっておく）、B（無塩バター__80gはサイコロ状にカットし冷やしておく）、牛乳__60cc、全卵__1個、グラニュー糖__30g、塩__少々、ドライクランベリー__大さじ2

【作り方】
AにBを入れ、手で擦りまぜながらそぼろ状になるまで混ぜます。練らないようにひとまとめにしてクランベリーを加え、ラップにくるんで1時間以上寝かします。厚さ2〜3センチに平らに広げ、型で抜き、卵か牛乳を刷毛で表面に塗って180度のオーブンで15〜20分焼きます。

Recipe / 12

### サーモンと青じそのスコーン

青じその香りが清々しい若草色のスコーンは、朝食、軽食にと重宝します。バターとはちみつ、またはサワークリームとサーモンの組み合わせは絶品！ たくさん作ってフリーザーに保存しておきましょう。

【材料】__10個分
小麦粉__240g、ベーキングパウダー__小さじ2、無塩バター__80g、牛乳__60cc、5cmの型__10個分、卵__1個、砂糖__15g、青じそ__10枚、塩__少々

【作り方】
生地の作り方はクランベリーのスコーン（P78）の時と同じです。青じそは包丁かミキサーで砕いておいて、生地をひとまとめにする時に加えます。

*Everyday*
*Tea Time*

# High Tea
夕焼けハイティー

夕暮れ時
真っ赤な夕焼けが広がって
全てを寛容してくれる温かな夕日
面倒なことからは解放されて
お家に帰ろう

# High Tea, Eat, Drink, Be Happy
心も体も満たされて

ハイティーとは、1890年頃、北イングランドとスコットランド地方の労働者階級の間で生まれた、軽い夕食のことです。仕事から帰ってきたお父さんや、子供たちと一緒に、ハイテーブル、ハイバックチェア（背もたれのついた椅子）で食事をすることから名付けられました。お肉を中心としたメニューで、家族が顔を合わせるということから「ミートティー」ともいわれています。

イギリスやスコットランドでは、夕方になると「ハイティー」の看板がパブなどで見かけられます。スコッドランド名物の羊のパイや、ハギスと呼ばれるヒツジや牛の臓物とオートミールを煮込んだもの、卵料理、じゃがいも、人参、豆などが添えられかなりのボリュームです。

ロンドンなど都会ではコンサートやオペラの観劇の前にとる食事をハイティーと指し、アルコールから始まり、魚・肉料理までフォーマルなスタイルでとることもあります。

アフタヌーンティーと違って男性も一緒に楽しみますから、ウイスキーやワインなどのアルコールも大いにOK。好きな飲み物をお料理に合わせてくつろぎます。時間は少し早めの18時頃から始めます。ちょうど空が夕焼けで真っ赤に染まる頃ですね。

気の合う仲間と語り合い、美味しいものをいっぱい食べたら心も体も満たされます。そこに紅茶があれば、温かなムードに浸れるはず。その心地よさはまるで夕焼けの空みたいに浸透していくことでしょう。

# My Recommend
私のおすすめ

### *Tea*

気まぐれな夕暮れはアルコールを紅茶に入れて、おしゃれなティーのバリエーションを楽しんではいかがでしょう。例えば、ウイスキーを入れて「アイリッシュティー」、生クリームを使って「ウインナーティー」。茶葉はケニアやセイロンティーのブレンド、キーマンなど渋みが少なく癖のないものがおすすめです。お肉料理にもよく合います。あんずのリキュールを入れて「テ・アマレット」、ブランデーを垂らして「テ・ロワイヤル」、ストレートのホットティーに少し入れるだけで甘い香りが広がり、味わいもまろやかに。お気に入りの紅茶とお酒を合わせて、いろいろ試してみるのも楽しいですね。気分を緩めたい時におすすめです。

### *Foods*

さっと出せる冷製チーズやハムのオードブル、サラダやパンを用意します。季節によっては温かいスクランブルエッグにサーモンの温かい前菜もお酒に合います。フォーマルにしたいなら肉・魚料理。スコティッシュ風なら、ミートパイやキドニーパイなど。デザートはママの味、ベリーのクランブルケーキが出てきたらみんな大喜びです。テーブルセッティングはディナーと比べてカジュアルに、肩肘張らずに楽しみます。

Recipe / 13

## ティーロワイヤル

紅茶にフルーツの蒸留酒ブランデーを加えれば、料理やお菓子をさらに味わい深くします。茶葉は癖のないニルギリ茶を。角砂糖に火をつければ小さな青い炎が燃え上がり、ロマンティックな演出に。

【材料】__1杯分
ニルギリ茶葉__小さじ1、お湯__250cc、角砂糖__1個、ブランデー__小さじ1〜3

【淹れ方】
ティーポットでニルギリのお茶を淹れ、ブランデーをしみこませた角砂糖を混ぜ合わせます。なければグラニュー糖でもOK。紅茶がまろやかになり、体が温まります。

Recipe / 14

### クランブルケーキ

イギリスの家庭菓子。庭で採れたりんごやベリーなどをたくさん詰めて焼き上げます。アツアツのケーキにアイスクリームを添えればボリュームあるスイーツに。たくさん作って保存しておくと便利です。

【材料】__丸形1個分
バター__200g（サイコロ状に切っておく）、A（小麦粉　100g、塩__少々、ベーキングパウダー__小さじ2を合わせてふるっておく）、卵__2個（卵白は固く泡立てておく）、グラニュー糖__150g、りんごとベリー__合わせて200g

【作り方】
バターにAと砂糖を加えて混ぜ合わせ、手でそぼろ状にし、1カップ分別にしておきます。残りの生地に、卵黄と牛乳を混ぜ合わせたものを加えて混ぜます。卵白を合わせたら型に流し入れ、フルーツ、1カップ分のクランブル生地を上にのせ、170度のオーブンで40〜50分焼きます。

# Sri Lanka
### セレンディピティーの国

世界一の紅茶輸出国でもあるスリランカ。「光り輝く島」という意味を持つこの島はセレンディピティーと呼ばれ、「素敵な偶然の出会い」という意味も持ち合わせています。広さは北海道の8割という小さい島には、ウヴァ、ヌワラエリア、ディンブラ、キャンディー、ウダプセラワ、ルフナ、サバラガムワと大きく分けて7つの紅茶産地があり、標高の低い順のエリアに分かれ、それぞれの特徴を持った素晴らしいお茶を作っています。

紅茶はもちろん、アーユルヴェーダ、占い、宝石、美味しい食事など魅力はたくさんありますが、一番の魅力は「人」かもしれません。スリランカ人の多くが仏教徒であり、信仰心があつく親切です。初めてスリランカを訪れた時のこと、私は飛行機の中で具合が悪くなってしまいました。すると、心配して声をかけてくれる人、連絡先を書いて教えてくれる人、車いすに乗せて付き添ってくれる人とたくさんのスリランカ人が助けてくれま

した。チップを渡そうとしても「人間として当然のことをしただけ。困っている時は助け合うのだ」と決して受け取ってはくれず、キャンディーを差し出すと、にっこり笑ってもらってくれたのでした。

こんなこともありました。標高の高い山の茶園まで向かう道のりは、まだ補装もされていない険しい道のり。私が車に酔ってしまうとドライバーは車を止めて木に登り、ライムをもいでソーダ水に絞って飲ませてくれました。おかげで茶園までたどり着くことができました。また、旅の途中でピンチに遭遇した時も、ガイドのルワンさんが「必ずたどり着きます。こういう時は仏陀を信じることです」と励まし力を尽くしてくれました。

スリランカを思い出す時、彼らに親切にしてもらったことで、いつも懐かしく温かい気持ちになれるのです。セレンディピティーの国スリランカは私の心のふるさとです。

*Everyday*
*Tea Time*

# Dinner Tea

ディナーティー

家族との夕食は
キャンドルに灯をともすように
私の心に灯をともす
なにげない毎日が送れることに感謝
笑顔は最高のメインデッシュ

## Dinner Tea with Family
家族との係わりを深める

ディナーとは一日のメインとなる食事をさし、家族そろって取る賑やかな食事をイメージしてください。もし昼にそのような食事をとっていたら、それをディナーと呼び、夕食はサパーとして軽く済ませることもあります。
早めにとる軽い夕食(ハイティー)と比べ、ディナーは少しかしこまった晩餐。友人や親せきを招いたり、特別な記念日などはいつもより時間をかけたりして楽しみます。ただ、なかなか平日ではできませんので、時にはお休みの日の前などにゆっくり行えたらいいですね。
近年は核家族化が進み、大人数で食卓を囲むことは少なくなりました。そこで、時には無理をしてでも早く帰ってみる、あるいはお腹がすいても家族の帰りを待って、皆で夕食をともにしてみましょう。顔を見ながら食事をしていると、食欲の有無や顔色で、家族のちょっとした体調の変化や心の移り変わりにも気づくことができるでしょう。当たり前になっていた家族との時間が、いかに貴重で幸せなひと時なのか感じられるかもしれません。食事の終わる頃には美味しい紅茶を淹れます。口には出さなくても、満足そうにお茶を飲んでいるのではないでしょうか。
普段一人の食事が続いていたら、週末は仲間を誘って一緒にディナーを取りましょう。そして、ぜひともお茶で締めくくりをしてみてください。これからもずっと温かい関係が続くことを祈って。

# My Recommend
私のおすすめ

### *Tea*
食前には炭酸水を使った水出しアイスティーを用意しておきます。しゅわしゅわと泡がはじけて、まるでシャンパンみたいで気分も上がり、お食事との相性もよいです。また、ハーブを入れたお茶なども食欲を掻き立て、お食事もおいしくいただけます。

### *Foods*
ディナーには前もって準備しておけるスープや冷たい魚介類を前菜に。それからメインの前にはグラニテ。凍らせておけばいつでも使えて便利です。デザートは季節のフルーツやアイスクリームを添えて。

### *Others*
夜はトルコチャイのグラス、沖縄の琉球グラス、ランプの明かりに映えるような綺麗なグラスは水を入れただけでもぐっとお洒落に食卓を演出できます。白いディナー皿はどんなお料理も綺麗に見せ、何枚あっても便利です。

Recipe / 15

## バジルティー

バジルの葉はフレッシュな生ものを使います。そのほかローズマリーやミントも同様に使えます。一枚加えるだけで食欲を促し、消化を助けます。

【材料】__1杯分
ディンブラ茶__小さじ1、お湯__200cc、
バジルの生葉__1〜2枚

【淹れ方】
それぞれのグラスにバジルの葉を浮かべたら、ここにディンブラのお茶を注ぎます。バジルの葉はそのままでお茶を差し替えれば、数杯は飲むことができます。

Recipe / 16

## 紅茶のグラニテ

紅茶を凍らせてシャーベット状にしたもの。完全に凍る前に冷凍庫から出し、フォークでかき混ぜておくとふわふわの氷ができます。あとからミルクやリキュールを加えると、味の変化が楽しめます。

【材料】__4人分
ケニア茶__2杯分、グラニュー糖__小さじ4、(お好みで)牛乳orリモンチェロ__小さじ1～3

【作り方】
ストレートの紅茶を淹れて、砂糖を溶かし、少し冷ましておきます。粗熱が取れたらタッパーなどの容器に移し替え、冷凍します。提供する前に冷凍庫から出し半解凍後、フォークで砕いてからグラスに移し、お好みで牛乳やレモンのリキュールなどを加えます。

*Everyday*
*Tea Time*

# After Dinner Tea

思いきりくつろぐ食後のお茶

一日のうちで最もホッとできる時間
満月を見あげて本当の自分を取り戻す
月夜の美しい夜だから
美味しいお酒を紅茶にたらして
解放されていく　星の降る夜

# After Dinner Tea to Relax

わたしを解きほぐす食後のお茶

食事が終わって、一番リラックスできるゴールデンタイムです。今日一日の心と体の緊張を解きほぐし、好きなものに囲まれ好きなことをしてくつろぎましょう。イギリスでは、ダイニングルームから暖炉のあるリビングルームに移動して、音楽を聴いたり大好きな図鑑を見たりしながら、温かいミルクティーとビスケットを楽しみます。

こんな時こそ、頑張った自分に思いきりゴージャスなティーをご褒美してもいいですね！　とっておきの茶葉にブランデーやコニャックを垂らしてみましょう。大人の夜の時間を堪能します。

寒い夜には温かい飲み物を、夏ならお気に入りのグラスに氷を入れて綺麗なカクテルアイスティーにアルコールを足せば、さらに気分が上がります。あとはグラス片手にソファーに沈み込み、お茶を啜るのです。

欧米には「A hug in a cup」という言葉があります。寂しい時、疲れた時、不安に押しつぶそうになった時、ティーカップを両手で包みながら、自分を抱きしめるようにお茶を啜るのです。いつしか気分が落ち着いてきて、前へと進めるような気がしてきますよ。

傷ついて痛みを伴ってこそ、生きているってこと。そんな傷をいやす時間をぜひ持ってください。

# My Recommend
### 私のおすすめ

### *Tea*

食後のお茶は心に余裕を持てるので、少し手を加えてバリエーションティーに挑戦です。アルコールを使ったスピリッツティー、ベンガルタイガー、アロマの香りがする特別のお茶などにフルーツを入れたロシアンティーもロマンティックです。夜の寛ぐためのお茶ですから、カフェインの少ないスモーキーなフレーバーのキーマン、松脂でいぶしたラプサンスーチョンなどもゆったりとした気分にさせてくれます。

### *Foods*

とっておきの時間には、とっておきのスイーツを出しましょう。大事にしまっておいた高級なチョコレートの蓋を開け、ひとつティーカップに添えます。香り高い紅茶にはチョコレートがよく合います。カカオの香りをうまく引き出してくれるからです。この時間の秘かな楽しみということですね。

### *Others*

例えば読みたかった本や写真集、図鑑などを本棚から出して文化や芸術に浸るのはどうですか。本のずっしりとした感触、紙のぬくもりもいいものです。好きなことをして過ごすのはアフターディナーティーの愉しみです。

Recipe / 17

## ロシアンティー

ロシアでは紅茶に自家製のジャムとウオッカを添えて客人をもてなします。まずジャムを一口食べて味を褒めてから、紅茶に入れて飲むのがマナーです。苺ジャムなど、お好きなものでOKです。

【材料】__1杯分
キーマン茶__小さじ1、お湯__200cc、苺ジャム__小さじ2〜3、ウオッカ__小さじ1〜3

【淹れ方】
キーマンの茶葉で淹れ、3分蒸らします。ジャムは冷蔵庫から出して室温に戻し、別の容器に移しておきます。これにウオッカをお好みで入れジャムとかき混ぜて、お好みでカップに淹れましょう。ミルクを入れても美味しいです。

Recipe / 18

### オレンジ・ベンガルタイガー

オレンジジュースを使って二層に分ける美しいティーカクテル。大人時間の演出に。オードブルやチョコレートに合わせて、カクテルパーティーにも活躍します。お茶の葉はアールグレイもおすすめ。

【材料】__グラスに1杯分
ニルギリ茶__小さじ1、お湯__100cc、オレンジのしぼり汁__100cc、コアントロー__小さじ1〜2、ガムシロップ__小さじ2、レモン汁__少々、氷__少々

【淹れ方】
紅茶は少し濃い目に淹れて、冷ましておきます。オレンジにガムシロップを入れて甘くしたら、グラスの口まで氷を入れ、オレンジ、紅茶、コアントローの順番で静かにゆっくりとグラスに入れていきます。飲む時はかき混ぜていただきましょう。

*Everyday*
*Tea Time*

# Good Night Tea

お休み前のナイトティー

キャンドルをともして
ゆらゆら揺れるその光
洗いざらしの清潔なシーツにくるまれて
ぐっすり眠るその前に
ナイトキャップのお茶
あたたかくしておやすみなさい

# For Sweet Dream, Night Tea
美しさと安眠を誘う

今日はどんな一日でしたか？　もし思い出したくないような失敗や後悔があったとしても大丈夫。あなたはそのままでいい。すでに完璧なんだと思いましょう。

まず、お気に入りのオイルをバスタブに垂らし、熱いお風呂に浸かったら、いい香りに包まれてゆっくりと体を緩めていきます。今日あった嫌なことや疲れがお風呂に溶けていくようなイメージを持つことで、身体が軽くなっていく気がしませんか？　一日頑張った自分をいたわって、自分に優しくしてあげましょう。するとどんな美容液より内側から美しくなれる気がします。お風呂上りはオイルかボディークリームで軽くマッサージ。キャンドルかほのかな明かりを部屋に灯して、ゆったりとした気持ちでお茶を淹れましょう。心地よい香りを嗅ぐことで、副交感神経は優位になり、アロマテラピー効果で気分が落ち着きます。お茶がゆっくりと体の中に浸透していき、あなたを優しく、温かく包んでくれるはずです。

ピーターラビットの物語の中で、人に追いかけられてへとへとになりながら逃げ帰ったピーターにお母さんウサギがカモミールのミルクティーを淹れてあげるシーンからも分かるように、優しさとお茶の効果は絶大です。夜遅くまでパソコンや携帯を見ていると神経が高ぶり質の高い睡眠が得られません。心地よい音楽に耳を傾けながら、優しいお茶に癒されてぐっすりと眠りにつきましょう。明日はもっといい日になりますように。

# My Recommend
私のおすすめ

### *Tea*
中国茶ベースのお茶や、ベルガモットの香りのついたアールグレイティーなどはタンニンやカフェインが少ないので寝る前のお茶には向いています。美容を考えるならハイビスカスや薔薇の赤いハーブティーが美しさへと導きます。カモミールティーにはりんごのような香りがあり、痛みを和らげる鎮静作用や眠気を誘う睡眠作用があるといわれています。神経が高まった日など一日を締めくくるにはぴったりです。

### *Foods*
お休み前は消化に優しくカロリー控えめのスイーツだと安心です。寒天やゼリー、きな粉をまぶしたわらび餅などはカロリーも少なくお腹も満たします。心を解きほぐすリラックス効果など、たくさんの効果が期待できるお茶ゼリーはいつも冷蔵庫に冷やしておいてお風呂上がりの楽しみに!

### *Others*
一日の疲れを取るバスソルト、薔薇やジャスミンのバスオイルは身体を温め保護してくれます。乾燥する季節にはアロマヒューザーも活躍。ふわふわのソックスやスリッパ、肌触りのよいパジャマや部屋着で、湯冷めしないうちに眠りにつきましょう。

Recipe / 19

## カモミールのミルクティー

カモミールには不安を和らげる効果があるといわれ、また、牛乳にもセレトニンという安らぎの効果を持つ成分が入っています。安眠を誘うには最強の組み合わせのお茶です。

【材料】＿1〜2杯分
カモミールハーブティー＿小さじ1、お湯＿1杯分、牛乳＿半分、(お好みで)ははちみつ＿少々

【淹れ方】
手鍋にカップ1杯分強のお湯を入れ、カモミールをいれて中火から弱火にして火をかけます。ここに牛乳をカップ半分加えて、更に温め、火を止めたら蓋をして少し蒸らします。お好みではちみつを加えてお召しあがり下さい。

Recipe / 20

## 薔薇のお茶のゼリー

エレガントな薔薇の香りのお茶をゼリーに。プルンとした舌触りの柔らかなゼラチンは満足感があるのにカロリーは控えめ。コラーゲンが入って美容にもよく、綺麗な赤い色合いで幸せな気持ちに誘います。

【材料】__2個分
薔薇とジャスミンのお茶__2カップ、板ゼラチン__1.5g、グラニュー糖(またははちみつ)__大さじ1、レモン汁__少々

【作り方】
お湯を沸かしてハーブティーを淹れます。茶こしで漉してから、お砂糖を加え熱いうちにゼラチンを溶かし入れます。グラスなどに移し、冷蔵庫で冷やし固めます。

# Taiwan
### 究極のお茶を訪ねて

台湾には「日月潭紅茶」という知る人ぞ知る極上の紅茶があります。それは月と太陽が同時に綺麗に見える日月潭という美しい湖のほとり、魚池郷にありました。私はそのロマンチックな紅茶を求めて、台北から高速道路で4時間かけ、茶園を訪ねました。

台湾はウーロン茶など青茶が有名ですが、実は日本統治時代、台湾の茶業復興に力を注いだ日本人技師達のおかげで、台茶紅茶が生まれました。ガイドでさえ飲んだことがなかったほど、台湾では紅茶が貴重です。自国だけで消費されてしまい、ほとんど海外に輸出されていません。茶園は家族経営や少人数が大半で、極力農薬を使わず作っているため大変手がかかり、少量しか作れないのです。

茶葉は黒々として艶があり、とにかく大きい。その時飲んだ紅茶の美味しさといったら！ ふくよかで柔らかく甘い香味が口の中一杯に広がります。台湾の方たちの優しくて温かい国民性が、そのままお茶に出ているようでした。

## Original Tea
オリジナルブレンドの誕生

紅茶の教室を始めて数年たった頃、「飽きずに毎日飲める、本当に美味しい紅茶が飲みたい」という生徒さんからの声を受けて、私はオリジナルの紅茶ブレンド作りに挑戦しました。

新鮮な茶葉を取り寄せて、いくつもの産地の違う紅茶をさまざまな配合で混ぜ合わせ、ぴったりの味を見つけていきます。時にブレンドによって、茶葉のいいところが際立ち、相乗効果で全く違う味わいが生まれます。当時新しいブレンドができると、近所の人にも飲んでいただいて感想をお聞きして回ったものでした。そうやって生まれた教室のオリジナルブレンドティーは、生徒さんに大好評でした。

2013年秋、教室でしか飲めなかったこの紅茶のブレンドは、デパートの催事担当の部長さんの目に留まり、大変お気に召していただいて、お茶の催事に出店させていただくことになりました。

今では年2回の催事のほか、一部のレストラン、カフェなどでも一般の皆様に飲んでいただけるようになりつつあります。教室を離れて店頭に立つことは、お客様と直接紅茶のお話をさせていただき、ご意見を伺う貴重な機会となっています。

これからも皆様に愛していただけるブレンドティーを、心を込めて作っていきたいと思っています。

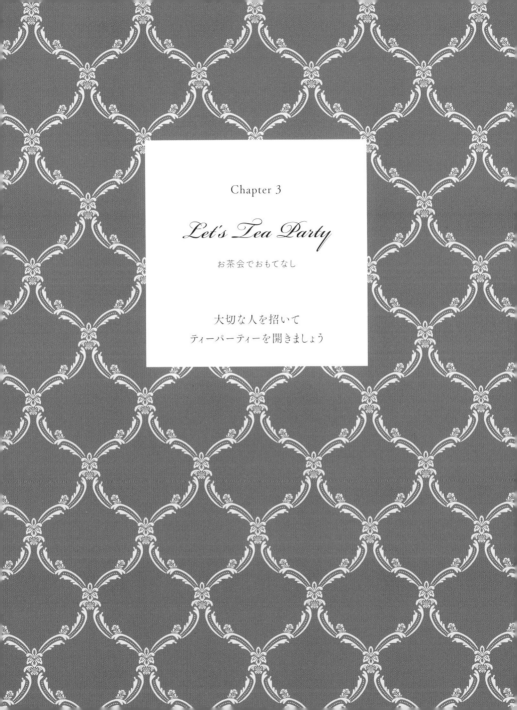

Chapter 3

*Let's Tea Party*

お茶会でおもてなし

大切な人を招いて
ティーパーティーを開きましょう

# *Plan a Tea Party!!*

**さあ、ティーパーティーを計画しましょう!!**
一日、朝から夜寝るまでの間でティータイムを楽しめるようになったら、今度はあなたの大切な人を招いてティーパーティーを開きましょう!
パーティーというとお料理やお酒などを用意して敷居が高いと思われがちですが、ティーパーティーならハードルはぐっと低くなります。
まずはテーマ。

- 何をお祝いしたいのですか?
- 誰を招きたいのですか?

この2つが決まれば、自分のできる範囲で準備をしましょう。
「あの人は喜んでくれるかしら?」ゲストの顔を思い浮かべながら、わくわくのティーパーティーを計画しましょう♪

## 【準備するもの】

### *Invitations* 招待状

パーティーの目的を書いて、招く人に向けて招待状を送ります。大体のことが決まったら1か月前から遅くとも2週間以内には届くように送りましょう。親しい間柄ならメールや電話でも構いません。日時、場所、主催者、会費制の場合はその旨を書き添えて。出欠のお返事の期日もお知らせしておくと安心です。もしドレスコードがあればあらかじめ伝えます。

### *Music*　音楽

パーティーにBGMは必要不可欠。気分を盛り上げ、リラックスさせ、また、高揚させてくれる大切なアイテムです。音楽が流れていれば沈黙も怖くはありませんし、緊張感はほぐれて優しさに変わります。クラシック、ジャズ、ロックやシャンソンなど、ティーパーティーに合わせて選曲は前もって決めておくとよいでしょう。

### *Dressing*　服装

どんな内容のパーティーか、趣旨に相応しい格好をしましょう。あなたが招く側なら着ていて気持ちがいい服装で。笑顔でおもてなしできるように、心躍る好きなものを着ましょう。招かれる方でもやっぱり同じです。お気に入りの服に身を包み、きらめきのアクセサリーをひとつつけて、華やいだ気持ちで出かけましょう。

### *Flower*　花

招く側のセンスがうかがえる一番の象徴です。玄関には季節を感じさせる花を、洗面所には一輪の野の花を活けましょう。心からのおもてなしの気持ちが伝わります。テーブルには好きな花を自由に飾っていいのです。花瓶も小さいものや大きいもの、口が広がりすぎていないものがあると花を挿すのが比較的簡単です。

# Christmas Tea

**1年のうちで一番心温まるティーパーティー**

クリスマスが近づくと、街にはクリスマスソングが流れ、煌びやかなイルミネーションが輝き、心がときめきますよね。欧米では家族や親せきとクリスマスを一緒に過ごすため、人々は大きなプレゼントをいくつも抱えて足早に家路を急ぎます。疎遠になっていた家族とも、この日ばかりはありったけのごちそうを囲んで、大切な人と心温まるクリスマスを過ごすのです。

イギリスではこの日のために、1か月以上前からクリスマスプディングを準備します。伝統的なレシピは、ミンスミートという牛脂と、ブランデーに漬け込んだドライフルーツ、ナッツ、パン粉などを一緒に蒸して作ります。ケーキの中にはコインや指輪を入れておき、当てた人は翌年幸運が訪れるといわれています。切り分ける時のドキドキした表情は大人も子どもも楽しそう。

世界のクリスマスの過ごし方はさまざまですし、お祝いのお菓子もそれぞれです。フランスの「ブッシュ・ド・ノエル」は薪を象っていますし、イタリアの「パネトーネ」はドライフルーツをたくさん練りこんだパンのような発酵菓子で祝います。ドイツの「シュトーレン」は、イエス様のおくるみを模しているという説もあるのですよ。

1年をふり返りながら、ティーパーティーではお肉やケーキを囲み、熱いクリスマスドリンクで乾杯します。豪華な食事で場も華やかになりますが、何よりも一緒に過ごす人の笑顔こそが一番のごちそうですね。

## Menu

フルーツと赤ワインのクリスマスキャロルティー
紅茶のスチームポーク
サーモンとほうれん草のクリスマスキッシュ
ラム酒に漬け込んだドライフルーツのクリスマスプディング
サンタとガナッシュクリームのブッシュ・ド・ノエル
イヤーズクリスマスブレンドティー

クリスマスカラーのテーブルクロスを敷き、そこに小さなツリーやリースを飾り、クリスマスのモチーフの絵皿を並べます。お肉やオードブルにピンクペッパー(赤胡椒)を散らしたり、ケーキにサンタの人形を飾ったりと、ワクワク感を楽しみましょう!

## Plan a Tea Party
ティーパーティーを盛り上げる名脇役

### Tea
**クリスマスキャロルティー**

赤ワインを使ったイギリスのクリスマスの伝統的な飲み物で、教会で讃美歌を歌うキャロル隊に振舞ったことから名づけられました。紅茶、ワイン、果物、スパイスなどが入っており、身体を芯から温め、お肉やケーキにも合います。

### Foods
**紅茶のスチームポーク**

ストレートの紅茶を天板に流し入れ、その上にタコ糸で巻いた肩ロース豚肉と月桂樹の葉を入れ、180度のオーブンで50分転がしながら蒸し焼きにします。香り高く蒸し上がるので、肉汁たっぷり風味豊かに仕上がります。

*Foods*

### クリスマスプディング

食べやすいように牛脂の代わりにバターを使い、ドライフルーツ、りんごなどを入れてパウンドケーキの要領で作ったら、はけでラム酒をたっぷりと塗ります。フルーツとバターが馴染んで、日が経っても美味しくいただけます。

*Items*

### グラスマーカー

人数が集まると、グラスやカップがそのうち誰のかわからなくなってしまうことも。そんな時、グラスマーカーがあれば、どれが自分のものか一目瞭然。パーティーに合わせた色んなモチーフがあるので、選ぶのも楽しいですよ。

Christmas Tea

## *Japonesque Tea*

### ジャポニズムを楽しむ和のお茶会

フランス語で「ジャポネスク」という言葉があります。海外の人が日本の雰囲気を感じるという意味を持っており、伝統的な純日本のものとは少し違う意味合いです。

アフタヌーンティーといえば西洋のもの、ケーキならコーヒーか紅茶、和菓子なら日本茶、という風に決めていませんか？ ここでは固定観念を取っ払って、ゲストたちに自由に「日本風」のアフタヌーンティーを楽しんでもらいましょう。

紅茶は食事に合わせても美味しくいただけますし、和食や和菓子に合わせても双方をもっと引き立てます。上生菓子の白餡や上品な小豆を風味豊かにし、お寿司に合わせてもよく合います。バリエーションが豊富なので、日本独自の季節の食材や薬味を合わせれば、ユニークで広がりのある味を生み出すことができます。日本の雛祭り、五月のお節句、七五三など季節に応じたお祝いの行事、また、両親の結婚記念日や還暦の日など、少し改まった席でのお茶会にはぴったりです。お祝いのテーマが決まればメニュー選びもおのずと決まってきます。

テーブルには帯や着物、ふろ敷きを敷いたり、生け花をアレンジしたり、お持ちの和食器や和のアイテムを引っぱり出してみましょう。見た目にもジャポネスクを意識して、和洋折衷のティーパーティーに挑戦してみてください。

## Menu

食欲をそそる青紫蘇ティーペリーラ
柿の葉で巻いた白身魚とサーモンのお寿司
季節の彩り　お干菓子と上生菓子
桜花咲く和紅茶
お抹茶のロールケーキ小豆クリーム添え
柚子の香り漂うロイヤルミルクティー

ジャポネスクをイメージしてもらえるよう和のコーディネートでまとめます。風呂敷や帯などをトップクロスに敷いて、漆塗りのお盆を飾り皿にし、そこにお寿司や和菓子、洋菓子を並べていきます。ひな祭やお節句など、季節のお祝い事ならそれにまつわるアイテムをテーブルに飾り、華やかに演出しましょう。

## Plan a Tea Party
ティーパーティーを盛り上げる名脇役

*Tea*

### 青紫蘇ティーペリーラ

ハーブティーのように爽やかで薬効効果の高いアレンジティー。食欲をそそり消化を助けます。ヌワラエリアなどのあっさりした紅茶に、青紫蘇の葉を数枚刻んで入れ、蒸らします。お口の中でお寿司の生臭さも消してくれます。

*Tea*

### 柚子のミルクティー

和風アレンジのミルクティーは、抹茶のケーキやカステラによく合います。ロイヤルミルクティーを作る手順で淹れ、茶葉を蒸らすタイミングで柚子を皮ごとすりおろして一緒に蒸らします。寒い夜にほっとする優しい味わいです。

*Tea*

## 桜和紅茶

お祝いの席に出される桜茶の紅茶版です。桜の花の塩漬けをお湯につけ、塩を抜いておきます。和紅茶などくせのない茶葉で紅茶を淹れ、その中に桜の花を加えお花を咲かせます。干菓子などシンプルな和菓子と一緒に。

*Items*

## 和の茶道具

型口にはミルクを入れてミルクジャーに、薬味入れはシュガーボウルやチョコレートを入れたりしてアレンジします。普段は日本茶を淹れる急須や湯飲みに紅茶を入れるだけで、簡単にジャポネスクのムードが生まれますよ。

# Baby Shower Tea

**命に乾杯 妊婦さんのためのティーパーティー**

赤ちゃんを授かったと知った日、妊婦さんにとって、昨日までとは全く違う人生の始まりです。新しい命がお腹の中で誕生して嬉さがこみあげてくる反面、不安もいっぱい。そんなデリケートな時期、親しい友人たちや親せきが集まって心から祝福するパーティーがベビーシャワーです。少人数から大人数まで、誰かの家に集まったり、レストランでお祝いしたりとさまざまですが、目的はひとつ。「無事に赤ちゃんが生まれてきますように」と安産を願うことです。

妊婦さんは何かと敏感になりがちだけど、あまりナーバスになりすぎないように注意しましょう。カフェインに対しても同じ。イギリスの妊婦たちは大好きな紅茶をやめたりしません。それがストレスになるのは一番避けたいですし、少しのカフェインなら赤ちゃんに影響ありません。安心してゆったりと味わってください。心の安らぎは妊婦さんにとっても赤ちゃんにとっても一番の栄養です。心地よい音楽を聴き、綺麗なものを見て、そして、好きな友達と語り合いましょう。

これから先、赤ちゃんが生まれてから悩んだり、心配したりすることがあるかもしれません。そんな時はたくさんの人の力を借りて、愛していけば大丈夫。赤ちゃんと一緒にママも成長することができたら幸せですね。

ベビーシャワーで思いきり祝福しましょう。そして、幸せを伝染させていきましょう。

## Menu

弾ける泡のスパークリングティー
シーフードとマスカルポーネチーズのタルトレット
ふわふわベビーマシュマロティー
グリーンピスタチオのドラジェ
フリーズドライの苺ホワイトチョコレートがけ

## Table Setting

妊婦さんを囲んでのティーパーティーは、甘いベビーピンクと優しいバニラカラーでまとめます。柔らかなパステルカラーのクロスに合わせ、お菓子も同じ色合いで。テーブルには幸せを招く蝶々や天使グッズを広げて祝福ムードを高めます。ケーキの他に、おむつを詰めたケーキ（ダイパーケーキ）も用意できたら完璧です。

## Plan a Tea Party
ティーパーティーを盛り上げる名脇役

### ベビーマシュマロティー

見た目はスイートですが、意外に甘くなくさっぱりとしたキュートティー。いい香りの紅茶にミルクを少々、熱いうちにベビーマシュマロを浮かべれば、すうっとマシュマロがとろけ出します。啜るように紅茶を楽しんで。

### スパークリングティー

まるでシャンパンのようなおしゃれなノンアルコールドリンク。水出しの紅茶を冷蔵庫で冷やしておき、グラスに半分注ぎます。その上から冷たいスパークリングジュースを勢いよく注いで紅茶と混ぜ合わせれば完成！ さあ乾杯です。

*Foods*

## シーフードとチーズのタルト

新鮮なエビやホタテ、サーモンなどの魚介と、イタリアのフレッシュチーズ、マスカルポーネチーズを小さなタルトに詰めました。甘くないので華やかなティーパーティーの前菜にはぴったり。冷たい紅茶と合わせて召し上がれ。

*Items*

## カードスタンド

あらかじめ席を決める時、席次カードを使うと、ゲストは迷わず着席できるので便利です。カードをスタンドに立てておけば、より分かりやすいですね。さまざまなモチーフのスタンドは可愛らしく、つい集めたくなります。

## Nursery Tea

**小さな紳士淑女のお茶会**

ナーサリーティーとは、お茶会を通してマナーを学ぶ子ども版アフタヌーンティーのことで、別名「チルドレンズティー」とも呼ばれます。ナーサリールーム、つまり子ども部屋でお茶会を開くことから、こう名づけられました。単なるおままごととは違い、子どもたちにとっては本物のお茶会です。子どもたち自身でゲスト選びからメニュー選び、テーブルセッティングまでを行うのです。女の子はドレスを、男の子はシャツを着てきちんと席についてお茶を楽しみます。慣れない手つきでティーポットを持ち、小さな紳士にお茶を注ぐ姿はなんとも愛らしく、また、頼もしいほど。

メニューは大人顔負けのアフタヌーンティーの時とほぼ同じですが、食べやすいように小さいサイズのティーサンドや、ケーキ、クッキーなどワクワクするようなかわいいお菓子を並べましょう。ゲストは、子ども部屋にいる人形やぬいぐるみたち。さあ、盛大なティーパーティーになりそうですよ！

子どもたちはこのお茶会で、マナーやコミュニケーションを通して、相手を思いやる気持ちを学びます。人生で大切なことの多くをティーで学べるとしたら、ナーサリーティーはなんて素敵で有意義な習い事でしょう。誕生日会や卒園、入学などの子どもたちのお祝いなどでも、大いに実践できそうです。私たちも子どもの頃にナーサリーティーを経験していたら、もっと社交的になれたかもしれません。

## Menu

野菜ブレッドの星形フルーツサンド
クリーム入りバタフライケーキ
6種類のサクサク動物クッキー
ラズベリーのギヌーヴ
すみれ色のファッジやキャンディー
ほんのり甘い苺味のミルクティー

子ども用に作られた小さなサイズのピーターラビットのカップ＆ソーサーはナーサリーティーで大活躍。ビビットな色合いのテーブルクロスを広げて、一口で食べられるサンドイッチやお菓子、キャンディーを並べましょう。賑やかなパーティーにしたいなら、バルーンやイラスト入りの紙ナフキンや紙皿も大いに活躍するでしょう。

## Plan a Tea Party
ティーパーティーを盛り上げる名脇役

### *Tea*
### 苺味のミルクティー

カップの中で苺がぷかぷか浮かぶこのお茶はみんな大好き。そのまま、苺を食べながら飲みます。苺のジャムやコンデンスミルクを入れてもおいしいですよ。苺の代わりにバナナを入れてバナナティーにしてもOK。

### *Foods*
### フルーツサンド

ティーサンドイッチのバリエーションにフルーツサンドは大人気。野菜を練りこんだ色鮮やかなパンをまず星形にくり抜いて、クリームとフルーツをはさみ、ピックで差して止めます。ピクニックやお弁当にも喜ばれそう。

*Foods*

## バタフライケーキ

イギリスでは教会のバザーでも人気の愛らしいお菓子。カップケーキを焼いて真ん中をくり抜き、クリームを絞ります。くり抜いたケーキの部分を半分に切り、反対に合わせて蝶の羽に見立てて飾ります。仕上げに粉砂糖をふって。

*Items*

## 紙ナプキン

小さな紳士淑女たちの大好きなキャラクターなどがプリントされた紙ナプキンを用意すれば、パーティーはそれだけで盛り上がります。布ではないので、口や手を拭いたり、テーブルを拭いたり気にせず使えます。

## Sweet Lover's Day

**恋人たちのお茶会**

恋をすると、人はどうして心が華やいでくるのでしょう。雨が降る日も心が晴れやかで、足取りも軽く感じられます。相手の顔を浮かべては微笑んでしまったり、そうかと思うと相手の気持ちが信じられなくなって、不安やせつなさで胸が張り裂けそうになったり。

それでも人は恋をします。もし、あなたに好きな人がいて、その気持ちをまだ伝えられないでいるとしたら、悩んでいないで一歩踏み出してください。ヴァレンタインデーや2人の何かの記念日などは絶好のチャンス。思い切ってお茶会に誘ってみてはいかがでしょう。紅茶の香りは五感を刺激します。その美しい水色、鼻をくすぐる香り、心地よい渋み、後味。一緒に何かを共有できることができたら、思いはきっと伝わります。

お茶会はしばらくお付き合いを重ねて、マンネリ化してしまった2人にもおすすめです。お互いの存在価値が薄くなって、大切に思えなくなったとしても、2人の間をお茶が橋渡しをしてくれることがあるのです。

口も利かなくなったあるご夫婦は、奥さんが旦那さんのために紅茶を淹れて書斎に持って行った日から、旦那さんが「あの紅茶を淹れておくれ」というようになったそう。「いつものあの紅茶」が、2人の間を取り持ったのですね。

もし2人で座るならこの日だけは向かい合わせではなくて、隣に座りましょう。少しでも距離を近づけられるように。

## Menu

チョコレートリキュール入りアイスチョコレートティー
スパイシーカレーチキンのカリカリオープンサンド
熱々チョコレートフォンデュ
マロンクリーム入りハートのガトーショコラ
恋人たちのためのティーエスプレッソ・ラム酒風味

シックなチョコレートカラーのテーブルクロスを敷いて、一輪の赤いバラを活けてはいかがでしょう。テーブルコーディネートは華美にしなくてもOK。仲良く食べられるフォンデュのお鍋を囲んで、シンプルに大人のティーを演出。2人の気持ちを通い合わせることができる思い出の品をさりげなくテーブルに添えて。

## *Plan a Tea Party*
ティーパーティーを盛り上げる名脇役

### アイスチョコレートティー

ノンスイートのこのドリンクは美しくて見ているだけでうっとり。まずチョコレートをグラスに入れ、チョコレートリキュール、牛乳、濃いめの紅茶を注ぎます。最後にホイップクリームを絞り、チョコレートで飾りましょう。

### ラム酒ティー

香りのよいストレートの紅茶はブレンドが命。甘すぎず渋すぎない絶妙のバランスの紅茶を丁寧に淹れたら、泡立てた温かいスチームミルクと甘い香りのラム酒で風味を加えます。ショコラに相性バツグンです。

*Foods*

## マロン風味ガトーショコラ

ハート型で焼き上げたガトーショコラにマロンクリームを詰めました。ざっくりハートにナイフを入れたら、栗のクリームがとろりと流れ出てくる仕掛け。極上のクーベルチュールショコラは風味も味わいも違います。

*Items*

## 思い出のフィギュア小物

テーブルに思い出の品や写真、小物などを置くことで話に花が咲き、心に残る時間を演出してくれます。これからの2人なら心躍るプレゼントでも効果大！ 大切なのはお互いの距離が近づくようなアイテムであることです。

## *Mother's Day*

**母を想う日**

母の日は世界中のあちこちで色んな形で祝われています。アメリカでは、とある女性が母の死を悼み、大好きだったカーネーションを5月の第2日曜日に教会にたむけたことから、この日を母の日に定めました。

あなたにとってお母さんはどんな存在ですか？　どんな時でも味方でいてくれる、心強い存在ですか？　それとも、疎ましい存在ですか？　どちらにしても、子にとって母親はかけがえのない存在です。それは母親にとっても同じこと。普段はいえないとしても、この日ばかりは機会を作って感謝の気持ちを伝えましょう。もし可能なら、思い切ってお茶会に母を招待してはいかがでしょう。

丁寧にお茶を淹れてポットに注ぎ、熟れた果物をざくざく切って一緒に蒸らしてみてください。お砂糖を少し入れてそのままゆっくり温めていけば、フルーツのエキスが紅茶と混ざり合い、その日その時にしか生まれない夢のフルーツティーができあがり。きっとお母さんに喜んでもらえることでしょう。

ご主人のお母様、会社の上司、いつもお世話になっている目上の方をお茶会に招待するのもおすすめです。もしあなた自身が母親だとしたら、自分自身を労う特別な一日にしたいもの。母の日の魔法はさらに広がります。ちなみに、父の日は第三日曜日です！　どうかこの日もお忘れなく。お父さんは人一倍寂しがっているかもしれません。

## Menu

季節の果物を使った夢のフレッシュフルーツティー
採れたてトマトとモッツァレラチーズのカプレーゼ
ビーツとアーモンドのビスケット
フルーツカスタードミルクレープ
元気になるオレンジハニーティー

### Table Setting

ビタミンカラーの鮮やかなブルーのクロスはこの季節にぴったり。フルーツをたくさん入れたガラスのティーポットはそれだけでワクワクさせます。フルーツティーには甘くない前菜とフルーツのケーキを合わせて。テーブルにはお母さんを喜ばせるためにメッセージ付きのカードを添えて、好きな花を花瓶いっぱいに飾りましょう。

## Plan a Tea Party
ティーパーティーを盛り上げる名脇役

### *Tea*
### フレッシュフルーツティー

季節の果物をふんだんに入れた贅沢なフルーツティー。フルーツのエキスをそのままお茶にしたような本物のフレーバーティーです。ニルギリなどで淹れた渋みの少ない紅茶にフルーツとグラニュー糖を入れて、温めながらどうぞ。

### *Tea*
### オレンジハニーティー

お母さんに元気になってもらえるビタミン豊富なお茶。熱い紅茶にオレンジを皮ごとスライスして入れ、グラニュー糖とはちみつを1杯づつ入れて5分ほど蒸らします。この時、お茶が冷めないように注意しましょう。

*Foods*

### フルーツミルクレープ

ミルとは「千」という意味があるので、「長生きしてね」という気持ちをこめて、クレープを一枚一枚層にしてクリームとフルーツを挟みましょう。「年輪」という意味を持つ、バウムクーヘンにしてみてもよいですね。

*Items*

### レターセット

記念日ごとに用意しておけば、それだけで心が躍ります。日頃思っていることを口で伝えるのはなかなか難しいし、特に親しい間柄だと照れ臭いもの。心を込めた手書きのことばは、受け取った人の胸を必ず打つはずです。

## Escape Tea

**日常からのエスケープ　旅する気分でティーパーティー**

日常の中で同じことの繰り返しに疲れた時、ふと違う国に行ってみたいと思うことがあります。旅に出ると、見たことのない風景を見て、食べたことのない料理を食べ、感じたことのないその国の新鮮な空気を思い切り吸い込んで、生きている！　と実感できる気がするからです。

もちろん外国である必要はありません。いつもと違う場所に身を置いて旅気分を味わえれば、日常からエスケープできるでしょう。

リフレッシュして旅から帰ってきたら、友人を招いてティーパーティーを開きませんか？　旅先で出会った素敵な人の思い出や思わぬアクシデントはお土産話になりますし、思わず買ってしまった雑貨や蚤の市で見つけたアンティーク小物はテーブルオブジェに大活躍します。メインは美味しかった名物料理を思い出して、料理本を見て挑戦してみましょう。ゲストと一緒にもう一度旅に行った気分を味わえるに違いありません。

スイスならチーズやチョコレートで山小屋風に。ハワイならエッグベネディクト、パンケーキにトロピカルティー。シンガポールならマーライオンとチリクラブ、マンゴープリン。パリならシャンソンをBGMにカフェオレボウルなんていかがでしょう？

お茶会なら色んな空の下へ行った気分になれますよ。日常から、非日常の世界へエスケープしませんか？

## *Menu*

アイスビネガーティー
スイス風ナッツとドライフルーツのサラダ
ハイジの熱々チーズフォンデュ
アーモンドとハチミツのしっとりケーキ
スイス産チョコレートフォンデュ
国花エーデルワイスの紅茶

スイスなら、アルプスの少女ハイジの山小屋っぽいイメージで。エーデルワイスの花の刺繍をしたクロスを敷いて、籐のかごや木のお皿を置きました。テーブルの真ん中にはメインのチーズフォンデュ鍋とチーズカッター。ゲストそれぞれがセルフで楽しみます。お土産のお菓子はパッケージも可愛いので、そのまま飾っても素敵です。

## Plan a Tea Party
ティーパーティーを盛り上げる名脇役

### *Tea*
### アイスビネガーティー

飲んだことがないようなワクワクするウエルカムドリンクでお出迎え。スイスのゲシュプリッター・ワイサー（白ワインを炭酸で割ったもの）をアレンジして、白ワインと紅茶をビネガー、炭酸で割りました。

### *Foods*
### 熱々チーズフォンデュ

何種類かのチーズと白ワインを溶かし、パンやジャガイモをつけて食べる料理です。ゲストたちはとろけるチーズに大興奮。大いに盛り上がります。その土地に根づく郷土料理はパーティーの主役です。

*Foods*

## アーモンドのお菓子

スイスの名物菓子でアーモンドの粉とハチミツが入っているケーキです。美味しかったお菓子やスイーツは、ぜひゲストにも試してもらいたいですね。籐のかごに入れてスイスの国旗を立てました。

*Items*

## 思い出のカウベル

その国でしか買えないと思うと、つい欲しくなるのが雑貨類。お土産屋さんで見つけたかわいいベルはスイスらしさが満載! 鳴らせば「チリリン」と良い音が出て、話題作りにもなります。

*Column 6*

# Party Items
揃えておきたいティーパーティーのアイテム

パーティーは準備の段階から、いかにワクワクできるかが幸せの鍵。テーマが定まったらメニューを決めて、テーブル周りの演出に取り掛かりましょう。こんなアイテムを使えば、いつものテーブルが華やかな印象に早変わり。招く側も招かれる側も、ぐっとおもてなしムードが高まります。まずは手に入りやすいものから少しずつ揃えていきましょう。

**ショッピングリスト**
頭の中であれこれ考えているとパーティーの準備は混乱してしまいます。まずは何を買わなくてはいけないか、必要なものを書いてリストを作りましょう。近くのスーパーで買うもの、製菓材料のお店で買うものと、お店ごとにカテゴライズすると便利です。

**コースター**
グラスやティーカップ、ポットなどもコースターを敷くだけでテーブルはぐっと華やかになります。ゲストは大切に扱われている感じを受けるでしょう。レースやプラスチック、籐で編んだもの、ウッド調など材質も色々。季節やテーマに合わせて揃えていきましょう。

### ナプキンリング
ナプキンの素材は、麻、綿、紙と色々あります。一番上質なのは麻ですが、たとえカジュアルな紙のナプキンであっても、おしゃれなナプキンリングを使えばエレガントにも、また、ゴージャスになります。リボンを結ぶことで代わりにもなります。

### ナイフレスト
カトラリーを料理ごとに揃える必要はありません。ナイフレストを用意して、同じカトラリーを使い回してもらえばよいのです。これがあれば、テーブルクロスに直に置かずに済むので安心です。シンプルなものを一種類揃えておけばよいでしょう。

### ピック
料理を飾りつけるのに便利なアイテム。フルーツにさしてカクテルに、オリーブの実やチーズにさしておつまみに。サンドウイッチもバラバラにならずに可愛くまとまります。ガラス製や金属製、使い捨てできるものなど、色んなタイプを用意しておくと重宝します。

### キャンドル
柔らかい明かりは、そっと心に灯をともすようにゲストのハートを温かくします。控えめですが皆をリラックスさせ、ムードを盛り上げてくれるのです。LEDライトのものは安心して置けますし、細長いキャンドルはそこにあるだけでおもてなしの気持ちが伝わります。

## おわりに

「どうしたら美味しく紅茶が淹れられるようになりますか」と聞かれることがあります。そんな時私は「やっぱり気持ちをこめて淹れることです」とお答えします。

高級な茶葉を使えば上質なお茶がはいるとは限りませんし、同じお茶でも淹れる人によって味わいが変わってきます。ましてや同じ人が淹れても、いつも同じにはいりません。それは、お茶に気持ちが投影されるからだと思います。

イライラしている時ほど、丁寧にお茶を淹れます。優しい味わいになるように。悲しい時こそ、明るい気持ちで淹れます。きっと希望に溢れた力強い味になるでしょう。

ティーパーティーにゲストをお招きする時は、心から寛いでもらえるよう笑顔でお迎えしたいと思っています。本当の悦びは、人に大切に扱われることで味わえるのと思うからです。誰かの笑顔はまた誰かの笑顔を引き出すでしょう。

執筆中、夫は二度にわたって手術、入院となりました。ずっと応援してくれていた夫が闘病中、私はお茶に何度救われ、励まされたことでしょう。紅茶は私の、もう一人のパートナーです。そして、これからは皆様のパートナーとして、側にいてくれることを願っています。

この本を出版するにあたって、雷鳥社さんに出逢えたことは大変光栄なことでした。いつも誠実に真摯に本創りに向かい合って下さった編集者の益田光さん、デザイナーの佐藤アキラさん、カメラマンの谷直樹さんに、心からお礼申し上げます。
メッセージをくださった帝国ホテルの望月完次郎ペストリーシェフ。私の紅茶人生を陰で支えてくれた夫、2人の息子、そして両親。本の出版を心待ちにしていてくれた生徒さんたち。たくさんの方々の愛に支えられてこの本が出版できました。深く感謝します。

これからもきらめく紅茶の世界で、心が躍るティーパーティーのおもてなしをご提供していけたらと思います。
それでは、いつかティーパーティーでお会いしましょう♪


2019年3月15日　　伊藤礼子

*Reiko Ito*

## Imformation
ご案内

---

厳選のホテルアフタヌーンティー

帝国ホテル 東京
「インペリアルラウンジアクア」
丁寧に作られた伝統のお菓子と
一流のおもてなし

シャングリ・ラ ホテル 東京
「ザ・ロビーラウンジ」
ゴージャスなムードの中で堪能する
華やかなスイーツとお茶

パーク ハイアット 東京
「ピークラウンジ」
天空のラウンジで取り留めのない
ティーフーズと極上のお茶

ウエスティンホテル東京
「ザ・ラウンジ」
伝統的英国式アフタヌーンティーと
心地よいサービス

ホテル椿山荘東京
「ル・ジャルダン」
緑豊かなお庭を見ながら心豊かに
お茶を楽しむ

教室のオリジナルティーが飲めるお店

「白兎珈琲店」
東京都杉並区高井戸東2-27-6

「世田谷珈琲游」
東京都世田谷区梅丘1-21-9

「イタリアン・チッチョベッロ」
東京都中野区野方5-25-1

「リストランテ・文流」
東京都国立市東1-6-30

「イタリア料理 スペランツァ」
広島県広島市中区小網町6-23

「フレンチレストラン レ・リース」
東京都世田谷区赤堤3-3-11

「純喫茶カランコロン」
兵庫県神戸市北区淡河町野瀬721-1

「チャマティースイーツ(web shop)」
www.chamatea.net/

伊藤礼子　Reiko Ito

1993年、日本紅茶協会にてティー・インストラクターの資格取得。家族で紅茶修行のため渡英。帰国後、世田谷にて紅茶とお菓子の教室「ChamaTeaSweets」を主宰。紅茶の淹れ方はじめ、季節に合わせたお茶の楽しみ方、紅茶に合うお料理やお菓子のメニュー作りなど、ティーパーティー形式で紹介している。また、自らスリランカや台湾の茶園に出向き、新鮮な茶葉でオリジナルブレンドの紅茶も販売。学校、企業、レストランに淹れ方指導、美味しい紅茶の提案を行っている。
自身のブログ「紅茶とお菓子の甘い日々」では、紅茶を通して人生を豊かに暮らすためのヒントを綴っている。
◎伊藤礼子紅茶とお菓子の教室：www.chamatea.net/

## Tea Time for You
毎日が幸せになる紅茶の愉しみ方

2019年4月25日　初版第1刷発行

著者　　　　伊藤礼子

デザイン　　佐藤アキラ
写真　　　　谷直樹(tokyo food photo／77photo)
写真協力　　株式会社トラベルサライ
編集　　　　益田光

発行者　　　安在美佐緒
発行所　　　雷鳥社
　　　　　　〒167-0043 東京都杉並区上荻2-4-12
　　　　　　TEL 03-5303-9766
　　　　　　FAX 03-5303-9567
　　　　　　HP http://www.raichosha.co.jp
　　　　　　E-mail info@raichosha.co.jp
　　　　　　郵便振替　00110-9-97086

印刷・製本　シナノ印刷株式会社

本書の無断転写・複写をかたく禁じます。
乱丁、落丁本はお取り替えいたします。

ISBN 978-4-8441-3756-6 C0077
©Reiko Ito / Raichosha 2019 Printed in Japan.